TIN REL.

CATALOGUE

DES

MANUSCRITS

concernant Joseph-François

Marquis DUPLEIX

Gouverneur-Général

des Établissements Français dans l'Inde

Appartenant à M. le Marquis DE NAZELLE

LAON
Imprimerie du *Journal de l'Aisne*, 22, rue Sérurier

1903

CATALOGUE DES MANUSCRITS

CONCERNANT

DUPLEIX

CATALOGUE

DES

MANUSCRITS

concernant JOSEPH-FRANÇOIS

MARQUIS DUPLEIX

Gouverneur-Général

des Établissements Français dans l'Inde

Appartenant à M. le Marquis DE NAZELLE

LAON

Imprimerie du *Journal de l'Aisne*, 22, rue Sérurier

1903

PRÉFACE

J'ai trouvé, dans des papiers de famille conservés au château de Guignicourt, un volumineux dossier provenant de Dupleix, commandant général des établissements français dans l'Inde, dont j'ai l'honneur d'être un des arrière-petits-neveux.

Ces papiers, qui avaient été prêtés, il y a bien longtemps déjà, par mon grand'oncle M. Dupleix de Mézy à une personne de sa connaissance, en vue de travaux sur Dupleix et sur l'Inde française au XVIIIe siècle, avaient été rendus à mon père en 1896, quelques mois avant sa mort. Le temps avait manqué pour les remettre en ordre, et le classement en laissait fort à désirer. Comme l'examen de ces pièces m'avait fait voir qu'il s'agissait d'autographes et de pièces curieuses, en même temps que de documents historiques intéressants, j'ai entrepris d'en dresser un catalogue raisonné.

Mes occupations antérieures m'avaient fort peu préparé à ce genre de travail. Aussi ai-je rencontré dès le début plus d'une difficulté. Grâce à l'obligeance avec laquelle diverses personnes, compétentes en ces matières, ont bien voulu venir au secours de mon inexpérience, j'ai pu arriver à déchiffrer ces vieilles écritures et à me rendre suffisamment compte du contenu de chacune de ces pièces pour en faire un classement.

Dans le principe, j'avais eu l'idée de faire une simple nomenclature de mes papiers, rétablis dans un ordre rationnel. L'appétit vient en mangeant, l'intérêt vient en travaillant, et j'ai été conduit à ajouter l'indication sommaire du contenu des documents. Je me suis ainsi constitué un instrument d'étude, en vue de publications ultérieures qui pourront être de quelque utilité pour une histoire complète de Dupleix. Si je puis mener à bien cette entreprise, j'aurai la satisfaction d'avoir dégrossi quelques-unes des pierres de l'édifice qu'un historien pourrait élever un jour à la mémoire de mon arrière-grand-oncle, dont la grande figure domine un quart de siècle d'histoire coloniale de notre pays.

J'ai dit plus haut que j'avais trouvé, au cours de mon travail, les concours les plus obligeants et les plus précieux. La reconnaissance me faisait un devoir de communiquer aux personnes qui ont bien voulu m'aider, le résultat de mes efforts. J'avais pensé à faire faire des copies de mon catalogue, afin de les leur offrir. Mais le développement qu'il a pris, encore que je me sois borné, pour toute la correspondance de Dupleix, à indiquer seulement la date de chaque lettre, et le nom du destinataire ; aussi bien que le désir que j'avais d'en conserver moi-même quelques exemplaires à la disposition des chercheurs que ces questions de politique coloniale pourraient intéresser, m'a déterminé à le livrer à l'impression. Je me suis adressé dans ce but à l'Imprimerie du *Journal de l'Aisne*, à Laon, où j'ai trouvé un concours dont j'ai été profondément touché et reconnaissant.

Le dossier qui fait l'objet de ce travail se compose de registres de correspondance, et de pièces qui sont pour la plupart des originaux. D'autres sont des copies établies au moment de l'arrivée de Godeheu et de l'examen des comptes de Dupleix, ou à l'occasion des difficultés qu'il a eues par la suite avec la Compagnie des Indes.

Toutes ces pièces portent une ancienne cote, dont je n'ai pas pu établir exactement la signification. Je suppose qu'elle correspond à un inventaire qui a dû être fait à la mort de Dupleix. Les pièces similaires conservées à la Bibliothèque nationale portent d'ailleurs des cotes semblables à celles qui figurent sur mes documents.

Ces cotes ainsi que les numéros ou marques de toute nature apposés sur les pièces de mon dossier, sont relevées dans le catalogue.

J'ai divisé l'ensemble des documents que je possède, et qui se rapportent à une période allant de juillet 1748 jusqu'au rappel de Dupleix et à son retour en France, en juin 1755, en deux parties. La première se compose de lettres ou de documents émanant de Dupleix. Ce sont : 1° des registres de correspondance écrits de sa propre main ; 2° des registres contenant des extraits ou des copies de quelques-unes de ses lettres ; 3° une série de lettres ou de documents détachés. Ces trois catégories de pièces correspondent aux séries A, B et C du catalogue.

La seconde partie comprend les documents reçus par Dupleix, et qui proviennent de correspondants très divers. Je les ai répartis en douze séries (de D à P du catalogue) suivant leur provenance et les évènements auxquels ils se rapportent. Dans chacune de ces séries, les pièces sont classées par ordre de dates, autant qu'il m'a été possible de les rétablir. J'aurais dû logiquement faire une troisième section des séries N, O et P, qui comprennent des documents établis à une date bien postérieure aux évènements auxquels Dupleix a été mêlé. Mais le petit nombre de ces pièces m'a déterminé à les classer simplement à la suite des autres. Ces séries ne comprennent en effet que trois copies de pièces d'archives de Landrecies, délivrées par la mairie de cette ville en 1869, et relatives au mariage des parents de Dupleix, à son baptême et à celui d'une de ses sœurs : une généalogie de la famille Dupleix, faite au milieu du XIXe siècle : et un fragment assez important d'une traduction de la relation faite par le colonel anglais Lawrence, qui a joué dans les évènements militaires dont l'Inde a été le théâtre, un rôle actif et considérable. J'ai retrouvé ce dernier travail dans des papiers provenant de M. Dupleix de Pernant, neveu de Dupleix et mon trisaïeul.

La correspondance de Dupleix, et quelques-unes des pièces du dossier renferment de nombreux passages chiffrés, disséminés au milieu du texte en clair. La reconstitution de ces passages serait d'un grand intérêt, et je ne la crois pas impossible. J'ai entrepris dans ce but quelques essais, dont le résultat m'a encouragé, et je ne désespère pas de pouvoir rétablir un jour les clefs des cinq ou six chiffres dont Dupleix se servait pour sa correspondance secrète.

Les documents qui font l'objet de ce catalogue n'embrassent qu'une courte période de la carrière de Dupleix et de l'histoire de l'Inde : mais c'est une des plus intéressantes, celle où d'une part la lutte entre les Compagnies d'Angleterre et de France a pris, malgré la paix qui régnait officiellement entre les deux gouvernements, un caractère particulièrement aigu : et où de l'autre, les plans grandioses de Dupleix, secondé admirablement par le vaillant soldat et le diplomate de premier ordre qu'était le marquis de Bussy, ont pris tout leur développement.

Ces plans et ces projets de domination dans l'Inde, qui avaient certainement revêtu dès 1751 dans l'esprit de Dupleix une forme définie et positive, ont-ils été la conséquence des évènements considérables et inattendus qui ont abouti à l'élévation de Salabetsingue à la dignité de soubab du Dekan : ou bien la prépondérance de l'influence française, qui a été la suite de l'avènement de ce prince, n'aurait-elle pas résulté d'une préparation de longue main, conçue et poursuivie par un grand génie, auquel un long séjour dans l'Inde, pénible parfois, toujours forcé par les circonstances, avait permis d'acquérir une connaissance exacte de la situation et du terrain sur lequel il était appelé à opérer ? La question n'est pas facile à résoudre. Peut-être l'étude des documents de ce dossier pourra-t-elle jeter quelque lumière sur cette question.

J'ai souvent entendu raconter que Napoléon, au camp de Boulogne, avait indiqué sur la carte le point précis où se livrerait une bataille qui déciderait du sort de l'Europe. J'ai l'irrévérence de n'en avoir jamais cru un mot. Mais je crois par contre très sincèrement, que la bataille d'Austerlitz n'a pas été l'effet du hasard, et que celui qui l'a gagnée, même s'il n'en avait pas prévu d'avance la date ni le lieu, n'en était pas moins un homme peu ordinaire.

Que Dupleix ait ou non conçu et arrêté longtemps d'avance le plan qui aurait dû conduire à l'établissement de la suprématie française sur l'Hindoustan, il n'en demeure pas moins acquis à l'histoire que cet homme a su improviser de toutes pièces les ressources avec lesquelles il a fait face, à plusieurs reprises, à des situations désespérées : que sa persévérance et son énergie l'ont amené à devenir pendant deux ans, l'arbitre de l'Inde méridionale qu'il avait remplie du nom Français. Il y a bien des plans politiques savamment combinés, qui n'ont jamais abouti à de pareils résultats.

Les qualités qui lui ont permis d'y atteindre étaient son coup d'œil, sa persévérance, son activité infatigable, et la connaissance parfaite qu'un long séjour lui avait permis d'acquérir des hommes et des choses de l'Inde. Il s'était convaincu que les comptoirs de la côte ne pourraient que végéter, tant qu'ils n'auraient pas été complétés par des possessions territoriales de quelque étendue, où la tranquillité, conséquence d'une police bien faite et d'une sage administration, aurait bientôt attiré des commerçants et des travailleurs indigènes. Les dividendes de la Compagnie des Indes n'eussent certes rien perdu à ce nouvel état de choses.

Mais, pour acquérir la possession de ces territoires, il fallait s'adresser aux souverains, plus ou moins légitimes, du pays : les nababs, tous environnés de compétiteurs avoués ou secrets, prêts à attenter à toute heure à leur souveraineté et à leur vie.

L'appui matériel et moral que des Européens pouvaient leur offrir, et qui leur donnait sécurité vis-à-vis de leurs sujets, de leurs alliés ou de leurs voisins, devait nous attirer leur reconnaissance et leurs bons offices. Mais c'était dès lors accepter la guerre contre tous leurs ennemis et leurs rivaux, dont la Compagnie anglaise soutenait, dans un but qu'il est vraiment difficile de trouver désintéressé, les revendications et la fortune.

Dupleix avait bien conscience du danger qui menaçait nos établissements de ce côté. Ses efforts avaient toujours tendu à évincer complètement les Anglais de la côte du Coromandel. A maintes reprises, il avait été bien près du but, et ce n'est pas dans l'Inde qu'il a été vaincu.

C'est d'Europe qu'est parti le coup de foudre qui a fait crouler l'édifice que Bussy et lui avaient eu tant de peine à élever, et sur les ruines duquel nos voisins d'Outre-Manche, instigateurs de sa disgrâce, ont assis leur empire.

La Bourdonnais était rentré en France la rage dans le cœur. Les mémoires et les libelles qu'il avait répandus à profusion dans le public, avaient trouvé, à la direction de la Compagnie d'Angleterre, un écho intéressé. Toutes les accusations portées contre le Gouverneur de Pondichéry avaient influencé certains directeurs de la Compagnie de France et les ministres, et quelques diamants habilement placés par la Bourdonnais, avaient contribué à accentuer cette impression. Les accidents survenus aux vaisseaux apportant en France la nouvelle de nos succès dans l'Inde, le retard de leur arrivée, et les bruits fâcheux répandus à dessein par nos adversaires sur la situation de nos affaires, avaient fait éclore, tant dans le haut personnel de la Compagnie qu'à la Cour, un parti hostile à Dupleix. Les embarras financiers de la Compagnie, la jalousie de certains directeurs, la courte vue des autres, parfaitement ignorants des choses de l'Inde et de la situation de nos établissements : la crainte qu'avaient les ministres que l'Angleterre ne prît prétexte d'un incident auquel la politique suivie par Dupleix aurait pu donner lieu, pour nous déclarer la guerre, firent que l'on considéra le Gouverneur de Pondichéry comme un homme dangereux, seul obstacle à la réconciliation de deux Compagnies commerçantes fourvoyées dans des opérations militaires. C'était entrer complètement dans les vues du gouvernement anglais, qui savait bien de quel adversaire il se débarrassait, en obtenant son rappel.

A son arrivée à Pondichéry, Godeheu signifie brutalement à Dupleix les ordres dont il est porteur. Sans prendre de lui ni avis, ni renseignements ; sans daigner écouter les observations des conseillers de Pondichéry, il conclut avec les commissaires anglais le traité qui devait soi-disant ramener la paix et permettre aux deux Compagnies de reprendre côte à côte leurs opérations commerciales. Les Anglais avaient bien, de leur côté, destitué Saunders, et l'avaient remplacé par un nouveau gouverneur. Mais ce même Saunders lui avait été adjoint comme commissaire et comme conseil. Il était facile de prévoir le résultat d'une négociation conduite dans de pareilles conditions.

C'était la première étape du désastre. Ni la ténacité de Bussy et de Moracin, restés à leur poste sur les instances pressantes de Dupleix, ni les efforts de Leyrit et de ses successeurs, ne purent nous faire regagner le terrain perdu. Godeheu reste à peine quelques mois dans l'Inde, et conscient peut être du rôle qu'on lui a fait jouer, il s'en retourne en Europe. Quant à Dupleix, il revient en France pour y mourir, neuf ans après, dans la misère et l'humiliation.

Depuis cette époque, les travaux d'historiens

anglais ont attiré l'attention sur les services de ce grand Français et sur son œuvre, dont leur nation s'est approprié le résultat. Il nous faut reconnaître que c'est grâce à ses adversaires que la France a rendu justice à Dupleix, et qu'elle lui élève à présent des statues. On a fêté récemment le bicentenaire de sa naissance, et la troisième République lui a payé à cette occasion le tribut d'un hommage officiel. C'est un des rares grands hommes de l'ancien régime que notre gouvernement démocratique se soit plu à honorer. Il est vrai que ce sont les ministres de Louis XV qui portent la responsabilité de sa chute et de ses malheurs, et que réhabiliter la victime, c'était flétrir en même temps la monarchie qui l'avait laissé frapper.

Mais le gouvernement par lequel nous avons, grâce au suffrage universel, si avantageusement remplacé cette monarchie, a-t-il su profiter des enseignements de l'histoire, et se dégager des influences qui ont amené la direction de la Compagnie des Indes et les ministres de Louis XV à sacrifier Dupleix ? S'il revenait sur cette terre, que penserait ce grand homme de notre politique actuelle ? Et comment le traiterait-on ?

Car ce n'est pas un mince embarras qu'un grand homme, fût-il bien loin de la France, pour un gouvernement républicain. Je suis porté à croire qu'un jour, si un arrière-petit-neveu des Marchand ou des Galliéni s'avise de dépouiller leur correspondance, il y trouvera des traces des inquiétudes qu'ils ont causées à nos diplomates, et aussi à nos gouvernants.

Fasse le ciel que notre nouvel empire colonial n'ait pas le sort de l'ancien ! Aujourd'hui comme au temps de Dupleix « le Parlement anglais a la gloire de diriger l'Europe » (1), et je ne vois pas que l'appétit de nos voisins ait diminué. Nous attendons toujours celui dont parle le poète, et que j'ai le ferme espoir de voir surgir un jour :

« *Nostris ex ossibus ultor.* »

Guignicourt, 1er juillet 1903.

---

(1) Dupleix au P. Lavaur, 11 novembre 1755.

CLASSEMENT GÉNÉRAL

DES

DOCUMENTS

Section I. — *Lettres et pièces émanant de Dupleix.*

(Séries A, B et C.)

A. — Registres de Correspondance autographes.

Cette série comprend neuf registres, numérotés de 1 à 9, et contenant la correspondance de Dupleix avec : 1° l'Europe ; 2° le Bengale ; 3° les Iles ; 4° Karikal ; 5° Mahé et la Côte Malabare ; 6° Suratte et le Golphe de Perse *(sic)* ; 7° des officiers et agents anglais ou hollandais (Boscawen, Floyer, Morse et Hooremans) ; 8° Madras, pendant l'occupation de cette ville par les Français ; 9° des lettres écrites après l'arrivée de Godeheu, au cours de la traversée et après le retour de Dupleix en France.

B. — Registres de Copies de correspondances de Dupleix.

Cette série comprend cinq cahiers, numérotés de 1 à 5.

C. — Lettres, Copies de lettres et pièces détachées émanant de Dupleix.

Cette série comprend treize numéros, et renferme plusieurs pièces autographes.

Section II. — *Lettres ou documents adressés à Dupleix.*

(Séries D à P.)

Ces documents ont été classés, d'après leur origine et leur objet, en séries, et dans chaque série, autant qu'il a été possible, par ordre chronologique :

D. — Princes indigènes.
E. — Officiers ou agents anglais.
F. — Armées du Carnate, Trichinapaly, Tanjaour, etc...
G. — Expédition du Dekan.
H. — Établissements de Mazulipatam, Divy, Narsapour.
I. — Ile de France et Comptoirs de l'Inde.
J. — Europe.
K. — Personnel et famille.
L. — Rappel de Dupleix. Comptes avec la Compagnie des Indes.
M. — Cartes et plans.
N. — État-civil.
O. — Généalogie.
P. — Fragment d'une relation du colonel Lawrence.

Section I. — Lettres et pièces émanant de Dupleix.

A (1). — Registres de Correspondance autographes.

Registre n° 1. — Correspondance avec l'Europe
(Ancienne Cote : « inventorié deux cent neuf. »)

Année 1748.

21 Août.

1 —   1-2   MM. les Syndics et Directeurs généraux.

28 Août.

2 —   2-3   Les mêmes.

19 Octobre.

3 —   4-5   Les mêmes.
4 —   5-6   Mon frère.
5 —   6-13 MM. les Syndics et Directeurs généraux (*C*).

23 Octobre.

6 —   13-14 M. de Machault, contrôleur général.
7 —   14-15 M. Rouillé.
8 —   15   M. de Montaran.
9 —   15-16 M. le comte de Maurepas.
10 — 16-19 Mon frère.

---

(1) Les chiffres qui suivent le numéro d'ordre de chaque lettre correspondent aux pages des registres originaux. — Sauf indication contraire, toutes les lettres sont datées de Pondichéry. J'ai conservé l'indication des destinataires telle que Dupleix l'avait libellée. — L'indication (*C*) signifie que la lettre contient des passages chiffrés.

24 Octobre.

11 — 19-20   M. Godeheu.

2 Novembre.

12 — 20-22   Mon frère (*C*).
13 — 22-24   MM. les Syndics et Directeurs généraux.

3 Novembre.

14 — 25   M. Alexandre Hum.
15 — 25-26   M. Cochinat.

19 Novembre.

16 — 26-41   MM. les Syndics et Directeurs généraux.

20 Novembre.

17 — 41-43   Mon frère.

1er Décembre.

18 — 43-44   M. de Savalette.
19 — 44-45   M. de Marcenay.

4 Décembre.

20 — 46   M. Baudran.
21 — 46-47   Mme Charmat de Rumière, à Riom.
22 — 47   M. Grimod de Verneuil.

2 Décembre.

23 — 48   M. Le Moine de la Borderie, à Vitré.

3 Décembre.

24 — 48-49   M. Darboulin.
25 — 49-51   Le même.

4 Décembre.

26 — 51-52   M. Lemaire, à Copenhague.

5 Décembre.

27 — 53-56   M. de Saint-Georges.

10 Décembre.

28 — 57-59   M. Hardancourt.

11 Décembre

29 — 59   Mme Vve Dumas et M. Dumas.
30 — 60-61   Mme Dumas.

15 Décembre.

31 — 61-63   M. Duvelaer.
32 — 63-66   M. Godeheu.

16 Décembre.

33 — 66-73   M. de Saintard.

28 Décembre.

34 — 73-74   Mon frère.

Année 1749.

15 Janvier.

35 — 75-122   MM. les Syndics et Directeurs généraux.
36 — 122-135 M. de Machault, contrôleur général.
37 — (pages intercalaires). M. Rouillé.
38 — (pages intercalaires). M. de Montaran,

21 Janvier.

39 — 147-148 M. de Maurepas.

25 Janvier.

40 — 148-149 M. Dousset, secrétaire de M. de Montaran.

26 Janvier.

41 — 149-150 MM. les Syndics et Directeurs généraux.
42 — 150-151 M. Alexandre Hum.
43 — 151-168 Mon frère (*C*).

28 Janvier.

44 — 168-169 M. Pâris de Montmartel.
45 — 169-170 M. Colabeau.
46 — 170   M. David.
47 — 170-171 Ma sœur.
48 — 171-172 M. Choquet, commissaire de la marine à Brest.
49 (1) — 172-174 Ma belle-sœur (*C*).

29 Janvier.

50 — 175   MM. les Syndics et Directeurs généraux.

30 Janvier.

51 — 176   Les mêmes.
52 — 176   Les mêmes.

14 Février.

53 — 176-177 Les mêmes.

---

(1) Le manuscrit porte l'indication du 28 *Décembre*. Je pense que c'est un *lapsus calami*.

25 Février.

54 — 177-179 M. de Maurepas.
55 — 179-183 MM. les Syndics et Directeurs généraux.
56 — 184-188 Mon frère.
(Les pages 189 et 190 en blanc).

30 Janvier.

57 — 191   M. Godart (cette lettre est biffée dans le manuscrit).

1er Février.

58 — 191   M. Hermant (cette lettre est biffée dans le manuscrit).

23 Février.

59 — 191-193 MM. les Syndics et Directeurs généraux.

28 Février.

60 — 194-198 M. de Machault.
61 — 198-199 M. de Montaran.
62 — 199   M. Castanier.

1er Mars.

63 — 200-202 M. Duvelaer (cette lettre est biffée dans le manuscrit).
64 — 202-203 M. Hardancourt (même observation).
65 — 203-204 M. Michel.
66 — 205   M. Duvelaer.

28 Février.

67 — 202   M. Castanier (cette lettre est biffée dans le manuscrit).

1er Mars.

68 — 206-208   M. Godeheu.
69 — 208-209   M. Hardancourt.
70 — 209   M. Talhouet de Séverac.

31 Mars.

71 — 210-212   MM. les Syndics et Directeurs généraux.
72 — 212   Mon frère.

28 Juillet.

73 — 213-219   MM. les Syndics et Directeurs généraux (C).
74 — 219-221   M. de Machault (C).
75 — 221-225   Mon frère (C).
76 — 226-227   Addition à la lettre de la Compagnie.

8 Août.

77 — 227-229   M. Kerjean.
78 — 229-230   M. l'abbé Desfages.

15 Octobre.

79 — 230-234   MM. les Syndics et Directeurs généraux.

15 Octobre.

80 — 234-236   Mon frère.

12 Novembre.

81 — 236-256   MM. les Syndics et Directeurs généraux.

15 Novembre

82 — 257-262   M. Godeheu.

83 — 262-263 M. Michel.
84 — 264-265 M. Duvelaer.

26 Novembre.

85 — 266-268 Le P. Antoine.
(A la fin de cette lettre est écrit : « inventorié deux cent neuf ». La page 269 est en blanc).

15 Novembre.

86 — 270-278 M. de Montaran.
87 — 278-280 M. Rouillé.
88 — 280-297 Mon frère (*C*).

29 Novembre.

89 — 297 Le même.

30 Décembre.

90 — 298 M. Hope, ou Cope (?)
91 — 298-299 M. Chailhat, chirurgien-major à Brest.
92 — 299-300 Mon neveu Dupleix.

31 Décembre.

93 — 300-301 Mme Jolly.
94 — 301-302 M. Duval du Manoir.
95 — 302 M. Legris, à Vennes (Vannes ?)
96 — 302-303 M. du Guilis, lieutenant général de la Maréchaussée, à Vennes (Vannes ?)
97 — 303-304 M. de Boëssière, à Paris.
98 — 304-305 M. Grout de la Grassinais.
99 — 305 M. de l'Épine du Planty, directeur des vivres à Lorient.
100 — 306-307 M. Jérôme Ferrière de Guemottes.

101 —	307	M. Viger de Bellair.
102 —	307	M. Le Brun Cottet.
103 —	308	M. de Beaulieu, capitaine à Lorient.
104 —	309	M. Baudran, à Saint-Malo.
105 —	309-310	M. Pelerin.
106 —	311-312	Mon frère.
107 —	312	M. le Noir du Meslier, à Vendôme.
108 —	313-316	M. de la Lande Magon.
109 —	316	M. Brignon.
110 —	320-321	M. Grimod de Verneuil.
111 —	321	M. Bois de la Gaste.
112 —	321	M. de Massiac.

Registre n° 2. — Correspondance avec le Bengale (Ancienne Cote : « Cotte 199, 1 registre ». Plus bas, la mention « Carton 10 ».)

Année 1748.

13 Août.

1 —   1-2   M. de Leyrit.

19 Août.

2 —   2-3   Le même.

8 Novembre.

3 —   3-8   Le même (C).

9 Novembre.

4 —   8-11   M. de Premenil.
5 —   11-12   M. Collé.

10 Novembre.

6 —	12	M. Léautté.
7 —	12	M. Golard.
8 —	12-13	M. de la Porterie.
9 —	13	M. Fournier.
10 —	13-14	M. Nicolas.
11 —	14-15	Coja Miza.
12 —	15-16	M. Mittard.
13 —	16	M. Desvaux
14 —	16-17	Glainville.
15 —	17-18	M. Deslandelles.
16 —	18	M. Gueulette.

11 Novembre.

17 —	18-19	M. de Saint-Paul.
18 —	19-20	M. Boutet.
19 —	20	M. Fournier, et autres créanciers du sieur Lange.
20 —	20-21	M. Renaud.
21 —	21-22	M. Albert.

21 Novembre.

22 —	23	M. du Préménil.
23 —	23-24	M. de Leyrit.

4 Décembre.

24 —	25	M. Brière.
25 —	26	M. Guillaudeu, secrétaire du roi (cette lettre est biffée dans le manuscrit.)

Année 1749.

17 Février.

26 —	26-33	M. de Leyrit.

20 Février.

27 —	33-35	M. Guillaudeu.
28 —	36	M. Gazon.

10 Mars.

29 —	36-37	M. de Leyrit.

14 Mars.

30 —	37-47	Le même.
31 —	47-49	M. Guillaudeu.
32 —	50	MM. les créanciers du sieur Lange.
33 —	50-52	M. Renaud.
34 —	52-53	Glainville.

13 Mars.

35 —	55	M. La Porterie.
36 —	55	M. Picques.
37 —	55	Mme de Gesnes Jouïnne.
38 —	55	M. Creuzé à Patna.
39 —	56	M. Boutet.
40 —	56-57	M. Law.
41 —	57	M. d'Héry.
42 —	57	M. le Chevalier de Saint-Denis.
43 —	58	M. Monteil.

14 Mars.

44 —	58	M. de Noual.
45 —	58	M. Gueulette.
46 —	58	M. Golard.
47 —	58	M. Mittard.
48 —	59	M. Desvaux.
49 —	59	M. Guillaudeu.
50 —	60	M. Briengne.

18 Mars.

51 — 60-61 M. de Volton.

7 Mai.

52 — 62-63 M. de Leyrit.

25 Juin.

53 — 63-71 Le même.

26 Juin.

54 — 71-74 M. Guillaudeu.

15 Juillet.

55 — 74 M. de Leyrit.

23 Juillet.

56 — 74-83 Le même.
57 — 83-84 M. Guillaudeu.
58 — 84 M. Dumasse.
59 — 84-85 M. de Mézedern.

24 Août.

60 — 86-88 M. de Leyrit.
61 — 88-92 M. Renaud.

25 Août.

62 — 92-93 M. Fournier.

26 Août.

63 — 93-94 « Mon cher neveu » (Kerjean).
64 — 94-95 M. Du Casse.
65 — 95 M. d'Héry.
66 — 96-97 Coja Miza.

67 —	97	M. de Mainville.
68 —	98-99	M. Guillaudeu.
69 —	99	M. de la Vigne Buisson.
70 —	100	M. Boutet.
71 —	101	Madame Villiamson.
72 —	101-102	M. Burat.
73 —	102-103	M. Colé.
74 —	103	M. Caillot.
75 —	103-104	M. Poirié.

14 Septembre.

76 — 104   M. la Tour, lieutenant chef de l'artillerie à Chinchurat.

15 Octobre.

77 — 105   M. Guillaudeu.

16 Octobre.

78 — 105-106 M. de Leyrit.

1er Décembre.

79 — 106   MM. du Conseil de Chandernagor et M. de Leyrit.

Année 1750.

20 Février.

80 — 107-113 M. de Leyrit.

23 Février.

81 —	113-114	M. Guillaudeu.
82 —	114-115	M. François d'Acunha.
83 —	115-116	Coja Miza.
84 —	117-121	M. Renaud.
85 —	121	M. Burat.

86 — 121-122 M. Fournier.

24 Février.

87 — 122-124 M. Boutet.

26 Février.

88 — 124   M. Law.

28 Février.

89 — 124-125 M. Guillaudeu.
90 — 125   M. Gazon.

30 Mai.

91 — 125-130 M. de Leyrit.

2 Juin.

92 — 130-131 Le même.

1er Juillet.

93 — 131-132 M. Guillaudeu.
94 — 133-134 M. Burat.
95 — 134   M. Fournier.
96 — 135   M. Roussel.
97 — 135-136 M. Indinaram.
98 — 137-138 Coja Miza.
99 — 138   M. Marin.
100 — 138-139 M. Collé.
101 — 139   M. Gueulette.
102 — 139   M. de Leyrit.

5 Juillet.

103 — 142   M. de Leyrit.

10 Août.

104 — 142-143 Le même.
105 — 144   M. Guillaudeu.

7 Septembre.

106 — 144-145 M. de Leyrit.

5 Octobre.

107 — 145 Le même.

15 Octobre.

108 — 146-155 Le même.

16 Octobre.

109 — 156-158 M. Albert.
110 — 158-159 M. Law, conseiller.

17 Octobre.

111 — 159-160 M. Guillaudeu, secrétaire du roi.
112 — 160-161 M. Renaud.
113 — 161-162 Indinaram.
114 — 163-164 M. Boutet.
115 — 164-165 M. Burat.
116 — 165-167 M. Jean Dumont, à Chinchurat.

18 Octobre.

117 — 167 M. de la Porterie.
118 — 168 M. Briengne.
119 — 168 Coja Miza.
120 — 169 M. Collé.
121 — 169 M. Duplaisit.
122 — 170 Coja Minas Elias.
123 — 178 M. Fournier, à Cassimbazar.
124 — 171 M. Dargy.
125 — 171 M. Mouchet.
126 — 172 M. Svinley.
127 — 171 M. de la Touche.
128 — 172 M. Courtin.

129 —	173	M. Lefèvre.
130 —	173	Kmoal (Kermoal).
131 —	173	M. A. Denoual.
132 —	173-174	M. Renauld l'aîné.
133 —	174	M. de Sanguinet.
134 —	174	M. Placilière.
135 —	174	Mme Vve Deschonamille (de Schonamyl).
136 —	175	M. Desvaux.
137 —	175	M. Bellesme.
138 —	175	M. Le Noir.

Année 1751.

24 Février.

139 —	176	M. de Leyrit.

(Les pages 177 et 178 sont en blanc).

7 Mars.

140 —	179	Le même.

2 et 3 Juin.

141 —	180-182	Le même.
142 —	182-183	M. Le Brun.
143 —	183-184	Coja Mirza.
144 —	185	M. de Maccafry.
145 —	185	Le R. P. Mozac.
146 —	186	M. Law, à Patna.
147 —	186	M. Courtin.
148 —	186-187	M. Burat.
149 —	187	M. Caillot.
150 —	187	M. Nicolas.
151 —	187-188	M. Renaud.
152 —	188-189	Sans indication de destinataire.
153 —	189	M. Villequin.

154 — 189   Madame Ladoue.
155 — 189   M. Mondésert.
156 — 189   M. Rauly.
          Indication de trois lettres pareilles à MM. Febvrier, d'Argy et Ducasse).

26 Août.

157 — 190-193 M. de Leyrit.

28 Août.

158 — 193   M. Guillaudeu.

29 Août.

159 — 193-194 M. Renaud, à Daca.

9 Octobre.

160 — 194-195 M. de Leyrit.
161 — 195   Coja Miza.
162 — 195   M. Le Termellier.

16 Octobre.

163 — 196   M. Perdiguier.
164 — 196-197 M. de Leyrit.

Année 1752.

3 Avril.

165 — 197-199 M. de Leyrit.

20 Mai.

166 — 199-202 Le même.
167 — 202-205 M. Guillaudeu l'aîné.
168 — 205-206 M. Law.

169 —	206-207	Le R. P. Massue.
170 —	207	M. Courtin.
171 —	207	M. de Leyrit.
172 —	208	M. La Roche.

25 *Mai.*

173 — 208-210 M. Courtin.

26 *Mai.*

174 —	210	M. de Leyrit.
175 —	210	Le P. de l'Assomption, vicaire de Varre, à Calicut.
176 —	211	M. Gueulette.
177 —	211-212	M. de la Bretesche.
178 —	212	M. Jouenne.
179 —	212-213	M. de Saint-Denis.
180 —	213	M. Hamon.

22 *Mai.*

181 — 213 M. Binot.

20 *Mai.*

182 —. 213 Nitadoula.

22 *Mai.*

183 — 214 M. Février.

26 *Mai.*

184 —	214	M. Dhéry.
185 —	214	M. Mouchet.
186 —	215	M. Guillaudeu le Cadet.

22 *Mai.*

187 — 215 M. Fleurin.

20 Mai.

188 — 215 M. Roulland.

26 Mai.

189 — 216 M. Caillot.
190 — 216 M. de la Touche.
191 — 216 Manie Chaudrie.
192 — 217 M. Creuzé, à Daca.
193 — 217 M. Briengne.

27 Mai.

194 — 217 M. de Leyrit.

5 Juin.

195 — 217-218 M. Nicolas.

6 Juin.

196 — 218-219 Coja Fanous.
197 — 219 Zacharie Mathieu.
198 — 219 Coja Mirza.
199 — 220 M. de Leyrit.
200 — 220 Tinavy Siny Quechino Anondiram.
201 — 220-221 M. Burat.
202 — 221-222 Le R. P. de l'Assomption, vicaire de Varre, à Calicut.

8 Juillet.

203 - 222-223 M. de Leyrit.

9 Août.

204 — 223-224 Le même.

30 Septembre.

205 — 224-229 Le même.

18 Octobre.

206 — 229-230 M. de Leyrit.

Année 1753.

15 Mars.

207 — 231 M. Brinot.

20 Mars.

208 — 231 M. Chevallier.
209 — 231 M. Roulland.

22 Mars.

210 — 231 M. Février, à Chandernagor.

28 Avril.

211 — 231 M. Alex. Carvalho.
212 — 231 Mme Vve Dargy.
213 — 232 M. Mirza Petrus.
214 — 232 M. Caillot.
215 — 232 M. Law, à Chandernagor.
216 — 232 M. Nicolas, à Jougdia.
217 — 233 M. Courtin, à Daca.
218 — 233 M. Fournier.
219 — 234 M. Le Termellier.

5 Mai.

220 — 234-235 M. Svinley.
221 — 235 M. Renaud.

2 Mai.

222 — 236 M. Renaud le fils.
223 — 237 Une fin de lettre.

1er Mai.

224 — 237-243 M. de Leyrit.

6 Mai.

225 — 244-246 Le même.

28 Juin.

226 — 246-248 Le même.

7 Juillet.

227 — 248   M. de Leyrit.

22 Juillet.

228 — 249   Le même.

5 Août.

229 — 249   Le même.
230 — 249   M. Roth.

6 Août.

231 — 250   M. de Leyrit.

26 Août.

232 — 250-252 Le même.

6 Septembre.

233 — 252   Le même.

14 Septembre.

234 — 253-258 Le même.
235 — 259-260 M. Roth.
236 — 261   M. Soetman.

16 Septembre.

237 — 262   M. G. Guillaudeu.

26 Septembre.

238 — 262   Coja Mirza.

4 Octobre.

239 — 262   M. Febvrier.
240 — 262   M. la Beaume de Villeneuve.
241 — 262   M. Dhéry.
242 — 263   M. Roulleau.
243 — 263   M. J. Dumont.
244 — 263   M. Caillot.
245 — 263-264 M. Law.

3 Octobre.

246 — 264   M. Renault.

2 Octobre.

247 — 265   M. Courtin.

Année 1754.

3 Avril.

248 — 266-275 M. de Leyrit.

5 Avril.

249 — 277   Manique Chaudry.
250 — 277   M. Renault.
251 — 278   Le R. P. de Bresse, capucin missionnaire.

30 Mars.

252 — 279   M. de la Porterie.

1ᵉʳ Avril.

253 — 279   M. Bourgine.
            Indication, à la date du 3 janvier, de lettres de compliments à MM. Villequin, la Beaume de Villeneuve et Février : à celle du 5 avril :
254 — 279   MM. Dhéry, Binot et Tinceville.

6 Avril.

255 — 280   M. de la Raudière.
256 — 280   M. Gueulette.
257 — 280   M. Mirza Petrus.
258 — 280   M. Le Buit.
259 — 280   M. Gazon.
260 — 280   M. de la Bretesche, commandant, à Patna.
261 — 281   M. Burat.

5 Avril.

262 — 281   M. Soetman.
263 — 282-283   M. Guillaudeu.
264 — 283   M. Courtin.

8 Mai.

265 — 283-284   M. Renault.
266 — 285   M. Fournier.
267 — 285   M. Desvaux.

7 Mai.

268 — 286   M. de Leyrit.
            (Les lettres nᵒˢ 266, 267 et 268 sont biffées sur le registre original).

7 Mai.

269 — 286   M. Soetman.

13 Mai.

270 — 287   M. Duval de Leyrit.

17 Juin.

271 — 287   Le même.

20 Juillet.

272 — 287   M. Soetman.

20 Juin.

273 — 288   M. de Leyrit

15 Juillet.

274 — 288   Le même.

9 Août.

275 — 289   Le même.

Registre n° 3. — Correspondance avec les Iles.
La couverture et la première page manquent.
Ancienne cote : « Inventorié cent quatre-vingt-dix-huit. »

Année 1748.

1 —   Une fin de lettre, contenant des passages chiffrés.

17 Novembre.

2 —   2   M. David.

18 Novembre.

3 —   2-4   Le même.

Année 1749.

29 Janvier.

4 —   4-6   M. David.
5 —   6   M. d'Espeigne.
6 —   7-8   M. de Saint-Martin.
7 —   8-9   M. Giblot.
8 —   9-10   M. de Ballade.

30 Janvier.

9 —   10-11 M. de Rumière.
10 —   11-12 M. Sillé (?).
11 —   12   M. Duclos.
12 —   12   Addition à la lettre de M. David (n° 4 ci-dessus).
13 —   12-13 M. Darcy.
14 —   13   M. des Blotières.
15 —   13-14 M. d'Argy de la Châtre.
16 —   14   M. Arnauld, à Lorient.
17 —   14   M. Joannis.
18 —   15   M. Godart.

1er Février.

19 —   15   M. Herment.

2 Avril.

20 —   15-19 M. David.

6 Août.

21 —   19-25 Le même.

8 Août.

22 —	25-28	M. d'Esprémenil.
23 —	28	M. Beaugendre.
24 —	28	M. Ceré.
25 —	29-30	M. de Pepin de Bellîle.
26 —	30-31	M. de Kersaint.
27 —	31-32	Mlle de Longchamps de Montendre.
28 —	32-33	M. Robert.
29 —	33-34	M. Ballade.
30 —	35	M. Giblot.

15 Novembre.

31 —	36-37	M. du Prémenil.
32 —	37-41	M. David, chevalier de Saint-Michel, etc...

Année 1750.

30 Janvier.

33 —	41-45	M. David.
34 —	45-46	M. du Guily.
35 —	46	M. de Saint-Janvier.
36 —	47	M. Duclos.
37 —	47	M. Giblot.
38 —	48-49	M. Bourcier.
39 —	49-50	M. de Santuary, directeur général.

12 Septembre.

40 —	50-51	M. Desforges-Boucher.

3 Septembre.

41 —	51-57	M. David, gouverneur général.

8 Octobre.

42 —	57-58	Suite de la précédente.
43 —	58-59	M. de Lozier-Bouvet, gouverneur.
44 —	59-60	M. Pallière-Christy.

9 Octobre.

45 —	60	M. Brenier, gouverneur de l'île de Bourbon.
46 —	60-61	le Sr Duclos.

8 Octobre.

47 —	61	M. Godard.
48 —	61-62	MM. Rostaing et Hermand.
49 —	62	M. Poivre.
50 —	62-63	M. de Santuary.
51 —	63	M. du Cray.

9 Octobre.

52 —	63-64	M. Desblotières.

8 Octobre.

53 —	64	M. Rostaingt.

9 Octobre.

54 —	64-65	M. Ceré.
55 —	65	M. Hermand.
56 —	65-66	M. Pradeau de Passy.
57 —	66	M. du Guilly.
58 —	57	M. Boucher.
59 —	67-71	Addition à la lettre de M. David (41 et 42).

Année 1751.

18 Juin.

60 — 72-73 M. Bouvet.

24 Juillet.

61 — 74-75 M. David.

15 Octobre.

62 — 75-79 Le même.
63 — 79-80 M. de Lozier-Bouvet.
64 — 80-81 M. Carré, à l'Ile de France ou en France.

Année 1752.

19 Février.

65 — 81-84 M. David.
66 — 84-89 MM. du Conseil supérieur de l'Ile de Bourbon.
67 — 89-91 MM. de Rostaing et Hermant.
68 — 91-92 M. Bouvet, capitaine de vaisseau.
69 — 92 M. Collet, à l'Ile de France.
70 — 92 M. du Guilly.
71 — 93 M. Desforges-Boucher.
72 — 93 M. Ceré.

29 Mars.

73 — 93-95 M. David.
74 — 95 M. Bouvet.

13 Octobre.

75 — 96-102 M. David.

14 Octobre.

76 — 103-104 M. Bouvet.

15 Octobre.

77 — 104-105 MM. de Rostaing et Hermans.

21 Octobre.

78 — 105-107 M. David.

15 Janvier 1752.

79 — 107 M. Desblotières. (Il y a sans doute une erreur d'année dans la date de cette lettre).

Année 1753.

20 Janvier.

80 — 107 M. Baugendre.
81 — 108 M. Duménil, à l'Ile Bourbon.
82 — 108 Mme Vve Carré.

27 Janvier.

83 — 108 M. Thibalt-Dupaty.

8 Février.

84 — 108 M. Le Juge.
85 — 108 M. Bellier.

18 Février.

86 — 109 M. du Verger, à l'Ile de France.
87 — 109 M. Igou, curé à l'Ile de France.
88 — 109 Mme Bourlet d'Hervilliers, à l'Ile Bourbon.

89 —	110	M. Desforges-Boucher, à l'Ile Bourbon.
90 —	110-111	M. David.
91 —	111-112	MM. de Rostaing et Hermans.

9 Mai.

92 —   113-114   M. David, ou son suppléant comme gouverneur.

17 Octobre.

93 —   115-119   M. Bonnet.

19 Octobre.

94 —   120-121   MM. de Rostaing et Hermans.

1ᵉʳ Novembre.

95 —   121-123   M. de Cossigny.

23 Novembre.

96 —   123   M. Bouvet, gouverneur général, à l'Ile de France.

20 Décembre.

97 —   123   M. Mabille, à l'Ile de France.
98 —   124   M. Bouvet.

Année 1754.

20 Février.

99 —   124-125   M. Bonnet.
100 — 126   M. Desblotières.
101 — 126   M. du Guilly.
102 — 127   M. Duverger.

23 Mai.

103 —   127-128   M. Bouvet.

REGISTRE N° 4. — CORRESPONDANCE AVEC KARIKAL.

Année 1748.

26 Juillet.

1 —   1   M. Le Riche (*C*).

27 Juillet.

2 —   1   Le même.

29 Juillet.

3 —   1-2   Le même.
4 —   2   M. Bourdeau.

7 Août.

5 —   2-4   M. Le Riche (*C*).

12 Août.

6 —   4-5   Le même.

22 Août.

7 —   6   Le même.

29 Août.

8 —   6-7   Le même.

17 Octobre.

9 —   9   Le même.

19 Octobre.

10 —   7   M. Bonsacq.

20 Octobre.

11 —   8-9   M. Le Riche.

31 Octobre.

12 —   9-11   Le même (C).

30 Novembre.

13 —   11   Le même.

5 Décembre.

14 —   12-13 Le même (C).

15 Décembre.

15 —   13-14 Le même.

19 Décembre.

16 —   14-15 Le même (C).
17 —   15   Mme Paradis.

22 Décembre.

18 —   15-16 M. Le Riche.

29 Décembre.

19 —   16-17 Le même.
20 —   17   M. le Gouverneur de Negapatam.

Année 1749.

5 Janvier.

21 —   17-18 M. Le Riche.
22 —   19   Mme de Schonamyl.

19 Janvier.

23 — 19-20 M. Ormanne, gouverneur de Negapatam (Hooremans).
24 — 20-21 M. Le Riche.

24 Janvier.

25 — 21 M. Bonsack.

2 Février.

26 — 21-22 M. Le Riche.
27 — 22-23 Mᵐᵉ Paradis.
28 — 23 M. de Jainville.

3 Février.

29 — 23-24 M. Le Riche.
30 — 24 Le même.

12 Février.

31 — 24 Le même.

15 Février.

32 — 25 Le même.

18 Février.

33 — 26 Le même.

27 Février.

34 — 26-27 Le même.

3 Mars.

35 — 27-28 Le même.

14 Avril.

36 — 38 M. Le Riche.

28 Avril.

37 — 28-29 Le même.

3 Mai.

38 — 29-30 Le même.

6 Mai.

39 — 30-31 Le même.
40 — 31 M. Bonsack.
41 — 31-32 M. Stein van Gollenesse, gouverneur de Ceylan.

7 Mai.

42 — 33 M. Horreman.

9 Mai.

43 — 33 M. Le Riche.

12 Mai.

44 — 33-34 Le même.

19 Mai

45 — 34-35 Le même.

20 Mai.

46 — 35-36 Le même.

22 Mai.

47 — 36-37 Le même.

25 Mai.

48 — 37 Le même.

26 Mai.

49 —   37   M. de la Touche.

29 Mai.

50 —   38-38   M. L. Horreman.

31 Mai

51 —   39-40   Le même.

7 Juin.

52 —   41-42   M. Le Riche.

18 Juin.

53 —   42-43   Le même (*C*).

30 Juin.

54 —   44-45   Le même (*C*).
55 —   45   M. Moullineau.

29 Juin.

56 —   46-47   M. Le Riche.

21 Juin.

57 —   47   M. Van Eck.

30 Juin.

58 —   47-48   M. Le Riche.

19 Août.

59 —   48-50   Le même.
60 —   50   M. Bonsack.

4 Septembre.

61 —   50-51   M. Le Riche.

7 Septembre.

62 —   51-52   Le même.

9 Septembre.

63 —   52   M. Hooremand.

13 Septembre.

64 —   53   M. Le Riche.

17 Septembre.

65 —   54   Le même.

21 Septembre.

66 —   55   M. de Maccafry.
67 —   56   M. Croke.

15 Octobre.

68 —   57   M. Brower.

16 Octobre.

69 —   57   M. Croke.

23 Octobre.

70 —   58   M. Le Riche (C).

28 Octobre.

71 —   59   Le même.

5 Novembre.

72 —   59   Le même (C).

21 Novembre.

73 —   60   M. Duquesne.

27 Novembre.

74 —   61-63   Le même.

29 Novembre.

75 —   64   Le même.

2 Décembre.

76 —   64-66   Le même.
77 —   66-67   M. Le Riche.

6 Décembre.

78 —   67-69   M. Duquesne.

19 Décembre.

79 —   69   M. Le Riche.

15 Décembre.

80 —   70-71   M. Duquesne.

18 Décembre.

81 —   71-72   Le même.

19 Décembre.

82 —   72   Le même.

21 Décembre.

83 —   73   M. Le Riche.

22 Décembre.

84 —   74   M. Duquesne.
85 —   74-75   M. Le Riche.
86 —   75-76   M. Duquesne.

23 Décembre.

87 — 77   M. Le Riche.

24 Décembre.

88 — 77-78   M. Du Quesne.

26 Décembre.

89 — 78-79   Le même.
90 — 80   M. Le Riche.
91 — 80-81   M. Joseph Coelso de Campos.
92 — 81   M. Le Riche.
93 — 81-82   M. du Quesne.
94 — 82-83   M. de Bussy.

28 Décembre.

95 — 83   M. Le Riche.
96 — 84-85   M. du Quesne.
97 — 85   M. Puymorin.

30 Décembre.

98 — 85-87   M. du Quesne.
99 — 87-88   M. Le Riche.

Année 1750.

1ᵉʳ Janvier.

100 — 88-91   M. du Quesne.

2 Janvier.

101 — 91-92   M. Le Riche.
102 — 92   M. Sornay.
103 — 92-93   M. de Bussy.

4 Janvier.

104 — 93-94 M. Goupil.

5 Janvier.

105 — 95-96 M. Duquesne.

8 Janvier.

106 — 96-99 Le même.
107 — 99-100 M. Le Riche.

11 Janvier.

108 — 100-102 Le même.

13 Janvier.

109 — 102-103 Le même.

14 Janvier.

110 — 103-104 M. du Quesne.

15 Janvier.

111 — 104-106 M. Le Riche.

19 Janvier.

112 — 105 Le même.

23 Janvier.

113 — 107 M. du Quesne.
114 — 108 M. Le Riche.

25 Janvier.

115 — 108-109 M. du Quesne.

26 Janvier.

116 — 109-110 M. Le Riche.

117 — 111   MM. les capitaines des troupes devant Tanjaour.
118 — 111-112 M. de Bussy.

27 Janvier.

119 — 112-114 Le même.
120 — 115   M. Goupil.
121 — 115   M. Le Riche.

2 Février.

122 — 116-120 M. de Bussy.
123 — 120-121 M. Goupil.
124 — 121-122 M. Le Riche.
125 — 122-123 M. Sornay.
126 — 123   Le R. P. Thomas.

5 Février.

127 — 123-125 M. Goupil.
128 — 126   M. Miraz.

10 Février.

129 — 126-129 M. Goupil.
130 — 129   M. Dancy.
131 — 130   MM. les capitaines devant Tanjaour.
132 — 131   M. Brenier.
133 — 131   MM. les lieutenants, sous-lieutenants et enseignes de l'armée devant Tanjaour.
134 — 132   M. Ruflet.

13 Février.

135 — 132-134 M. Le Riche.
136 — 134-135 M. de Bussy.
137 — 135-136 M. Goupil.

16 Février.

138 — 136-138 Le même.
139 — 138   M. de Bussy.
140 — 138-139 M. Le Riche.
141 — 139   M. Goupil.

18 Février.

142 — 139-140 M. Le Riche.

19 Février.

143 — 140-141 Le même.

20 Février 1750, 3 heures après-midi.

144 — 141-142 M. Goupil.
145 — 142-143 M. Le Riche.

Même date, 3 heures du soir.

146 — 143-144 M. Goupil.

Même date, 9 heures du soir.

147 — 144   M. Le Riche.

22 Février.

148 — 144-148 M. Goupil.
149 — 148   M. Le Riche.

25 Février.

150 — 148-150 M. Goupil.
151 — 150-151 M. Le Riche.

27 Février.

152 — 151   Le même.
153 — 152-153 M. Goupil.

28 Février.

154 — 153-156 Le même.

2 Mars 1750, 10 heures du soir.

155 — 156-159 Le même.

3 Mars.

156 — 159 M. Le Riche.
157 — 160-163 M. Goupil.

5 Mars.

158 — 163 M. Le Riche.

6 Mars.

159 — 164 Le même.

7 Mars.

160 — 165 M. La Touche.
161 — 165 M. de Saint-Georges.

8 Mars.

162 — 166-167 M. de La Touche.

9 Mars.

163 — 167 M. de Plaisance.
164 — 167 Le même.

10 Mars.

165 — 168 M. Le Riche.

10 Février (?)

166 — 169-170 M. Floyer.

11 Mars.

167 — 171   M. La Touche.

12 Mars.

168 — 172   Le même.

13 Mars.

169 — 173   Le même.

19 Mars.

170 — 174   M. Le Riche.

14 Mars.

171 — 174   Le même.

15 Mars.

172 — 175   M. d'Auteuil.
173 — 175   M. Le Riche.

16 Mars.

174 — 176-177 M. d'Auteuil.

17 Mars.

175 — 177-179 Le même.

18 Mars.

176 — 179   Le même.

19 Mars.

177 — 180   Le même.

19 Mars, à midy.

178 — 180-181 Le même.

19 Mars, à 8 heures 1/2 soir.

179 — 181-182 Le même.

20 Mars.

180 — 183-184 M. Le Riche.
181 — 184-185 M. Goupil.
182 — 185-186 M. Mendoce.
183 — 186   M. d'Auteuil.

20 Mars, à 2 heures.

184 — 187   Le même.

21 Mars.

185 — 187-188 Le même.

21 Mars, à 6 heures.

186 — 188   Le même.

22 Mars, à 8 heures du soir.

187 — 188-189 Le même.

22 Mars, à 8 heures.

188 — 189-190 Le même.

23 Mars, à 10 heures du matin.

189 — 190   Le même.

23 Mars, à midy.

190 — 190-191 Le même.

23 Mars, à 6 heures 1/4 du soir.

191 — 191-192 Le même.

23 Mars, à 10 heures soir.

192 — 192   Le même.

REGISTRE N° 5. — CORRESPONDANCE AVEC MAHÉ ET LA CÔTE MALABARE.

Année 1748.

26 Juillet.

1 —   1-2   M. Louet (C).

7 Août.

2 —   2   Le même (C).

8 Août.

3 —   2-3   M. le Marquis de Castelnovo.
4 —   4   D. Luis Caetano d'Almeyda.
5 —   4-5   M. Louet.

20 Août.

6 —   5-6   M. David.

21 Août

7 —   6-7   M. Louet.
8 —   7   M. de Frémery.

18 Octobre.

9 —   8   M. Louet.

19 Octobre.

10 —   8-9   Le même.

31 Octobre.

11 —	9-12	Le même.
12 —	12-16	M. de Moracin.

1ᵉʳ Novembre.

13 —	16-20	M. Brignon.
14 —	20-22	D. Luis Caetano d'Almeyda.

6 Novembre.

15 —	23	Don Antonio Coelso de Campos.

12 Novembre.

16 —	23	M. Carlier.
17 —	24	M. Louet.
18 —	25	M. du Rocher de Périnné.
19 —	25	M. Caignon.
20 —	25-26	M. Marragon.
21 —	26	M. le Chevalier de Mouhy.
22 —	26	M. de Chantoiseau.
23 —	27	M. Fermet.

23 Novembre.

24 —	27	M. Brignon.
25 —	28	M. le Marquis d'Alorna.
26 —	28	M. de Pierrepont.
27 —	29	M. Louet et les officiers de la garnison de Mahé.
28 —	29	MM. du Conseil de Mahé.
29 —	29-31	M. Louet.

30 Novembre.

30 —	31-32	MM. de Moracin et Brignon.

24 Décembre.

31 — 32-35 M. de Moracin (*C*).
32 — 35-38 M. Brignon.

27 Décembre.

33 — 38 M. Louet.

24 Décembre.

34 — 39 M. le Chevalier de Mouhy.
35 — 39 M. le Chevalier d'Ancy.
36 — 39 M. de Saint-Georges.
37 — 39 M. le Chevalier de Saint-Cyr.
38 — 40 M. le Chevalier du Passage.
39 — 40 M. Maragon.
40 — 40 M. Bourquenoud.
41 — 40 M. Le Lardeux.

25 Décembre.

42 — 41 Les sieurs Samidara Sinay et Anta Sinay, à Goa.
43 — 41-42 M. Lhostis.

Année 1749.

14 Janvier.

44 — 42-43 M. le Marquis d'Alorna.
45 — 43-44 M. Louet.

4 Février.

46 — 44-47 M. de Moracin.

4 Mars.

47 — 47-48 M. Louet.

24 Mars.

48 —	48	M. Portebaré Herbert.
49 —	48	M. d'Argy de la Châtre.
50 —	49	M. Astruc.

25 Mars.

51 —	49-50	M. Louet.
52 —	51-52	M. de Moracin.

27 Mars.

53 —	52-53	Le même.
54 —	53-54	M. l'Archevêque primat.
55 —	54-58	D. Luis Caetano d'Almeyda.
56 —	58-59	M. le Marquis d'Alorna.

2 Mai.

57 —	60-61	M. Louet.
58 —	61	M. Carlier.

28 Mai.

59 —	61-63	M. Louet.
60 —	63	M. du Passage.

29 Juin.

61 —	63-66	M. de Moracin.
62 —	67-69	D. Luis Caetano d'Almeyda.
63 —	69-70	M. le Marquis d'Alorna.
64 —	70-71	M. Louet.

4 Août.

65 —	71-72	M. le Marquis d'Alorna.
66 —	72	M. Louet.

23 Septembre.

67 —   73-75   M. Louet.

24 Septembre.

68 —   75-76   M. de Moracin.

29 Septembre.

69 —   76-78   D. Luis Caetano d'Almeyda.

24 Septembre.

70 —   79   M. de Moracin.
71 —   79   M. Gervais.
72 —   79-80   M. le Chevalier de Mouhy.

25 Septembre.

73 —   80   Le P. Lazard.
                 (Les pages 81-82 en blanc).

23 Octobre.

74 —   83   M. le Marquis d'Alorna.
75 —   83-84   Pas d'indication de destinataire ; (sans doute D. Luis Caetano d'Almeyda).
76 —   84   M. Louet.

30 Octobre.

77 —   84-91   M. le Marquis d'Alorna.
78 —   91-92   M. Louet.
79 —   92-93   D. Luis Caetano d'Almeyda.

31 Octobre.

80 —   93-94   MM. Gayros et Mendoce.

29 Novembre.

81 —   94   M. Louet.

13 Décembre.

82 —   95-98   Le même.
83 —   98   M. de Moracin.

Année 1750.

6 Janvier.

84 —   99-101 Mon neveu.

2 Février.

85 —   101   M. Louet.
86 —   101-102 Le Vice-roi de Goa.
87 —   102-103 Les subrécargues du *Bon-Voyage*.

12 Janvier.

88 —   103-105 M. le Marquis d'Alorna.
89 —   105-106 M. Louet.
90 —   107-109 M. de Moracin.
91 —   109   M. Mendoza Furtado.

13 Janvier.

92 -   109-111 D. Luis Caetano d'Almeyda.

1er Mars.

93 —   111   M. le Marquis d'Alorna.
94 —   111   M. Louet.

2 Avril.

95 —   112   M. le Marquis d'Alorna
96 —   113   M. Louet.

5 Juin.

97 —   114-118 M. Louet.
98 —   118-122 M. de Moracin.

6 Juin.

99 — 122-125 Don Luis Caetano d'Almeyda.
100 — 125-126 M. Louet.
101 — 126 M. Moracin.

15 Juin.

102 — 127 M. Louet.

22 Octobre.

103 — 127-129 M. le marquis d'Alorna.
104 — 129-132 D. Luis Caetano d'Almeyda.

24 Octobre.

105 — 132-133 Dona Léonore de Noronha.
106 — 133-134 Don Luis Tellez de Mendoza.
107 — 134-136 M. de Moracin.

29 Octobre.

108 — 136-139 Le même.
109 — 139 M. le chevalier de Mouhy.

22 Décembre.

110 — 140-142 D. Luis Caetano d'Almeyda.

23 Décembre.

111 — 143 M. le marquis d'Alorna.

24 Décembre.

112 — 144-145 Dona Léonore de Noronha.

23 Décembre.

113 — 145-146 M. Louet.

Année 1751.

25 Janvier.

114 — 146-149 M. Louet.
115 — 150-151 M. de Moracin.
116 — 151   M. du Rumeil.
117 — 152   M. de Joannis.

17 Février.

118 — 152 M. Louet.
119 — 153 Le même.

27 Mars.

120 — 153-156 Le même.

22 Avril.

121 — 156-157 Le même.
122 — 157   Le baron de Vielorie.

21 Juin.

123 — 158-159 Le marquis de Tavora.
124 — 160-165 D. Luis Caetano d'Almeyda.
125 — 165-167 D. Luis Telles de Mendoza.
126 — 167-168 Dona Léonore de Noronha.

22 Juin.

127 — 168-170 M. Cardon.

24 Juin.

128 — 170-173 M. Louet.
129 — 174   M. Collé.
130 — 175   M. du Passage.
131 — 175   Les RR. PP. Carmes de Mahé.
132 — 175   M. Louet.

16 Octobre.

133 — 176   M. le marquis de Tavora.

19 Octobre.

134 — 177-179 D. Luis Caetano d'Almeyda.

20 Octobre.

135 — 179-185 M. le marquis de Tavora.

22 Octobre.

136 — 185   M. Picot.
136 bis 185   Le Sr Phantosme, à Mayé (Mahé).
137 — 185   M. de Saint-Georges, à Mayé.
138 — 185   M. Baldic.
139 — 185   M. Meyer.
140 — 185-186 M. Denis.
141 — 186   Les RR. PP. Carmes, à Mayé.

19 Octobre.

142 — 187   M. Cardon.
143 — 187   D. Luis Telles.
144 — 188   Don Henrique de Noronha.
145 — 188   Dona Léonore de Noronha.

20 Octobre.

146 — 189   M. le chevalier Dancy.

22 Octobre.

147 — 189-192 M. Louet.
148 — 193   M. Colé.
149 — 193   M. du Passage.

9 Novembre.

150 — 193-194 M. Louet.

8 Décembre.

151 — 195 Mgr le vice-roi de Goa.
152 — 195-197 M. Louet.

Année 1752.

5 Janvier.

153 — 197-199 M. le marquis de Tavora.
154 — 199-201 M. Louet.

8 Février.

155 — 201-202 Le même.

11 Février.

156 — 202-204 M. le marquis de Tavora

5 Mars.

157 — 204-206 M. Louet (C).
158 — 206-207 M. Grout de Bellesme.
159 — 207 M. de Brain.
160 — 207-208 M. Collé.

1er Juillet.

161 — 208-210 M. le marquis de Tavora.
162 — 210-213 D. Luis Caetano d'Almeyda.

12 Juillet.

163 — 213-214 Dona Léonore de Moronha.
164 — 214 Don Luis Tellez.
165 — 215-216 M. Cardon.
166 — 216-218 M. Louet (C).
167 — 219 M. de Brain.
168 — 219-220 M. Phantosme.

169 — 220 M. du Passage.
170 — 220-221 Le R. P. Ignace, à Mahé.
171 — 221 M. Gérard. — M. de Changey.
172 — 221 M. d'Houdant de Villeneuve.

12 Septembre.

173 — 221-222 M. Louet.
174 — 223-224 (Pas de date indiquée). M. le marquis de Tavora.

23 Septembre.

175 — 224 D. Luis Caetano d'Almeyda.

2 Novembre.

176 — 224-228 M. Louet.
177 — 228-232 M. le marquis de Tavora.

4 Novembre.

178 — 232-233 D. Luis Caetano d'Almeyda.

2 Novembre.

179 — 235 M. Colé.
180 — 235-236 M. du Passage.

4 Novembre.

181 — 236-238 M. de Vilorie.
182 — 238 M. Cardon.

7 Novembre.

183 — 239-241 M. Louet (expédiée le 12).

Année 1753.

13 Janvier.

184 — 241-243 M. le marquis de Tavora.

185 —	244	M. Denis.
186 —	244	M. Cardon.
187 —	244	M. de Changey.
188 —	244	M. d'Houdant de Villeneuve.
189 —	245	M. de Brain.

29 Janvier.

190 —	245	M. le marquis de Tavora.
191 —	245-246	M. Louet.
192 —	246	S. Exc. M. le marquis de Tavora.

23 Février.

193 —	247	M. Collé. — Ramataly.
194 —	247	M. du Passage.

(Au-dessous, la mention « Répondu les lettres suivantes de bonne année : MM. Trémisot, Gervais, Boucher, Delinon, Marin, Picot de la Motte, Fanthôme, Méder, Collin, du Passage »).

25 Février.

195 —	248-249	M. Louet.

26 Février.

196 —	250	M. Cardon.

27 Février.

197 —	250	Le R. P. Élis de Saint-Joachim, supérieur des Carmes de Bassora.
198 —	250	Mgr l'évêque d'Ispahan.

13 Mars.

199 — 251 M. Brain.

22 Mai.

200 — 251-258 D. Luis Caetano d'Almeyda.
201 — 258 M. Cardon.

23 Mai.

202 — 258-262 M. le marquis de Tavora.
203 — 262 D. Luis Tellez de Mendoza.
204 — 262-263 Dona Léonore de Noronha.

26 Mai.

205 — 263-266 M. Louet.

3 Août.

206 — 266-269 Le même.
(Au-dessous, la mention « Répondu à cette occasion au R. P. Ignace, MM. de Brain, Collé, de Baldic, Méder, Biancour, du Passage, Fermet, Collin, Picot, Bonnet du Guerrois, Marin, d'Houdans, de Changey, de Palmar. — Lettres de compliments »).

Sans date ni adresse.

207 — 271-274 « Très illustre Seigneur.... »

3 Août.

208 — 275-277 M. Cardon.

Sans date ni adresse.

209 — 278 « Monseigneur.... »

4 Septembre.

210 — 279 M. Louet.
211 — 280 Dona Léonore.

1ᵉʳ Octobre.

212 — 280 M. Louet.
213 — 280 Mgr le vice-roi de Goa.

22 Octobre.

214 — 280-283 M. Louet.
215 — 283 M. Macé.
216 — 284 M. Collé.
217 — 284 M. du Passage.
218 — 285 M. Cardon.

28 Octobre.

219 — 285-287 D. Luis Caetano d'Almeyda.
220 — 287-288 M. Cardon.
221 — 288 Mᵐᵉ de Noronha.
222 — 288 M. Verry de Saint-Romain, de Mahé.
223 — 289 M. Louet.

23 Novembre.

224 — 289 M. Louet.

1ᵉʳ Décembre, 3 heures 1/2 après-midi.

225 — 289 Le même.

4 Décembre.

226 — 290-292 Le même.

Année 1754.

4 Janvier.

227 — 292 M. d'Houdant de Villeneuve.
228 — 292 M. du Bois de Mineteau.
229 — 292 M. de Brain.
230 — 293 M. du Passage.

6 Janvier.

231 — 294 M. Louet.
232 — 294-295 D. Luis Caetano d'Almeyda.

14 Février.

233 — 295-296 M. Le Roux.

15 Février.

234 — 296 M. Louet.

18 Février.

235 — 296 Le même.

26 Février.

236 — 296-297 Le même.
237 — 297-298 M. de Pibretière.
238 — 298 M. Cardon.

4 Avril.

239 — 299 M. Louet.
240 — 299 Le même.
241 — 299 Le même.

10 Mai.

242 — 299-302 Le même.
243 — 302-303 M. Tonnellier.

14 Septembre.

244 — 303   Le très illustre don Caetano d'Almeyda.

17 Septembre.

245 — 304-306 Le même.
246 — 306   M. Cardon.
247 — 307   M. le Marquis de Tavora.

18 Septembre.

248 — 307   M. Louet.

Registre n° 6. — Correspondance avec Suratte et le Golphe de Perse.

(Ancienne Cote : « Inventoriée cent quatre-vingt-dix-sept).

Année 1748.

29 Juillet.

1 —   1-3   M. Le Verrier.

27 Octobre.

2 —   3-10 Le même.

Année 1749.

28 Mai.

3 — 10-12 M. Le Verrier.
4 — 12-13 M. Boucard.
5 — 13-14 M. de Volton.

1er Novembre.

6 —   14-17   M. Le Verrier.
7 —   17-18   M. Boucard.

3 Novembre.

8 —   18-19   M. de Volton.

Année 1750.

2 Février.

9 —   20   M. Le Verrier.

19 Février.

10 —   20-22   Le même.

20 Février.

11 —   22   M. Boucard.

29 Août.

12 —   23-25   M. Le Verrier.
13 —   25-26   M. Boucard.

18 Décembre.

14 —   26   M. Le Verrier.

30 Décembre.

15 —   27-28   Le même.

Année 1751.

9 Février.

16 —   28-30   M. de Glainville (?)
17 —   30   M. de Rabec.

17 Février.

18 — 31 M. Le Verrier.

10 Mars

19 — 32-34 Le même.

26 Juin.

20 — 34-36 M. Le Verrier.
21 — 36-37 M. Boucard.

29 Octobre.

22 — 37-38 M. Le Verrier.
23 — 38 M. Boucard.

Année 1752.

4 Janvier.

24 — 39 M. Le Verrier.

18 Février.

25 — 39 Le même.

13 Juillet.

26 — 39-43 Le même.

12 Juillet.

27 — 43 M. Thomas, consul de France à Alep.

Année 1753.

24 Février.

28 — 43 M. Thomas, consul de France à Alep.

21 Juillet.

29 — 44-47 M. Le Verrier.
30 — 47-48 M. Boucard.

22 Juillet.

31 — 48 M. Le Verrier.

7 Septembre.

32 — 48-50 Le même.
33 — 50-51 M. Boucard.
34 — 51 M. Le Verrier.

Année 1754.

17 Février.

35 — 51 M. Le Verrier.

A la fin de la dernière lettre : « Je certifie ces cinquante et une pages de minutes de mes lettres à Suratte véritables, la première commençant au 29 juillet 1748, et la dernière au 17 février 1754. »

Plus bas : « Inventoriée cent quatre-vingt-dix-sept. »

Registre n° 7. — Correspondance avec des officiers ou agents Anglais ou Hollandais (Boscawen, Morse, Floyer, Hooremans).

Les premières pages manquent. Elles portaient sans doute l'indication de l'ancienne cote, et ce registre devait commencer, comme les autres, en juillet 1748.

Année 1748.

1 —   1   Une fin de lettre.

8 Novembre
et 13, 14, 16, 22 et 27 Novembre.

2 à *8*, pages 1 à 8 : M. Boscawen.

27 Novembre.

9 —   8   M. Monservet.
10 — 8   M. Cochinat.

30 Novembre
et 1ᵉʳ, 25 et 27 Décembre.

11-14 — 8-15 M. Boscawen.

Année 1749.

4 Janvier
et 9, 13, 18, 20, 23, 26, 28 Janvier :
6, 13 et 15 Février.

15-25 — 15-28 M. Boscawen.

19 Février.

26 — 29   M. Floyer.
27 — 29   M. Boscawen.

20 Février.

28 — 30   M. Villiamson.

5 Mars.

29 — 31   M. de Boscawen.

15 Mars.

30 —   31-36   Le même.

12 Avril.

31 —   37-38   Le même.

14 Avril.

32 —   39   (Sans indication de destinataire).

6 Mai.

33 —   40   M. Boscawen.

9 Mai.

34 —   41-42   Le même.

12 Mai.

35 —   42-43   Le même.

16 Mai

36 —   43-44   M. Floyer.

20 Mai.

37 —   44   M. Boscawen.

21 Mai.

38 —   45-46   M. Floyer.
39 —   46-47   M. G. Mandevile.

24 Mai.

40 —   47   M. de Mandevile.

26 Mai.

41 —   47-49   M. Floyer.

8 Juin.

42 —   50   M. Boscawen.

12 Juin.

43 —   50-51   Le même.

26 Juin.

44 —   51   M. Floyer.

7 Juillet.

45 —   51-53   M. Marc.

9 Juillet.

46 —   53   M. Floyer.
47 —   53-54   M. Hooreman.

16 Juillet.

48 —   54-55   M. Boscawen.

19 Juillet.

49 —   55-56   Le même.
50 —   56   M. Morse.

22 Juillet.

51 —   57   M. Boscawen.

4 Août.

52 —   58   Le même.

Registre n° 8. — Correspondance avec Madras
(pendant l'occupation française).

(Ancienne cote : « Inventorié deux cent cinq).

Année 1748.

26 Juillet.

1 —	1	M. Barthélemy.
2 —	1-2	(*2 heures après-midi*) le même (*C*).

22 Juillet.

3 —	2	Le même.

28 Juillet.

4 —	2	Le P. Antoine.

29 Juillet.

5 —	3	M. de la Mothe.
6 —	3	M. Barthélemy.

30 Juillet.

7 —	3-4	Le même.

31 Juillet.

8 —	4-5	Le même.

1ᵉʳ Août.

9 —	5	Le même.
10 —	5-7	Le même.

5 Août.

11 —	7-9	Le même.
12 —	9	M. de Vareille.
13 —	9	M. du Marchais.
14 —	10	M. du Rocher.
15-16 —	10	M. Véry de Saint-Romain.
17 —	11	M. Sornay.

7 Août.

18 —	11	M. Barthélemy.
19 —	11	Le même.

8 Août.

20 —	12-13	Le même.
21 —	14	Le P. Antoine.

10 Août.

22 —	14-15	M. Barthélemy.

12 Août

23 —	16-19	Le même.

13 Août.

24 —	19	Le même.

14 Août.

25 —	19-21	Le même.

16 Août.

26 —	21-23	Le même.

17 Août.

27 —	23	Le même.

28 —   23-24 Le Père Antoine.

19 Août.

29 —   24   M. Barthélemy.
30 —   25-26 Le même.

21 Août.

31 —   26-27 Le même.

21 Août au 26 Octobre.

32-56 — 26-49 M. Barthélemy.
(Les n⁰ˢ 32, 35, 38, 44, 46 et 49 renferment des passages chiffrés).

26 Octobre.

57 —   49-50 MM. les capitaines et officiers des troupes à Madras.
58 —   50   Le R. P. René.
59 —   51   M. Barthélemy.
60 —   51   M. l'abbé de Fages.

29 Octobre.

61 —   51-52 M. Barthélemy.

30 Octobre.

62 —   52-56 Le même.

4 Novembre.

63 —   56-57 Le même.

6 Novembre.

64 —   57-59 Le même.
65 —   59-60 Le R. P. Périer.

7 Novembre.

66 — 60-63 M. Barthélemy.

9 Novembre.

67 — 63-65 M. Sornay.
68 — 65-66 Le même.

11 Novembre.

69 — 66 M. Barthélemy.

15 Novembre.

70 — 66-69 Le même.
71 — 69 M. Hoyt.
72 — 69-70 M. Sornay.
73 — 70 M. Barthélemy.

17 Novembre.

74 — 70-71 Le même.

18 Novembre.

75 — 71 Le même.

20 Novembre.

76 — 71-72 Le même.
77 — 72-73 M. Placelière.
78 — 73 M. de Floissac.

23 Novembre.

79 — 74-76 M. Barthélemy.

24 Novembre.

80 — 76 Le P. Antoine.

25 Novembre.

81 — 76-77 M. Barthélemy.
82 — 77-78 Le même.
83 — 78 Le P. Antoine.
84 — 78 M. Babajean, à Couelan.

26 Novembre.

85 — 78-81 M. Sornay.

27 Novembre.

86 — 81 M. Barthélemy.

28 Novembre.

87 — 81 Le même.
88 — 81-82 M. de Floissac.

29 Novembre.

89 — 82-83 M. Barthélemy.

30 Novembre.

90 — 83 Le même.

1er Décembre.

91 — 84-85 Le même.

4 Décembre.

92 — 85-87 Le même.

9 Décembre.

93 — 87 Le même.
94 — 87-91 Le même.
95 — 91 M. du Parc.
96 — 91 Le P. Séverin.

97 —	91-92	Le P. Antoine.
98 —	92	M. du Guernié.

14 Décembre.

99 —	92-94	M. Barthélemy.
100 —	94-95	M. Sornay.
101 —	95	M. de la Métrie-Quentin.
102 —	96	M. de Borneval.

18 Décembre.

103 —	96	M. Boyeleau.
104 —	96-97	M. Barthélemy.

19 Décembre.

105 —	98	M. Boyeleau.

21 Décembre.

106 —	98-99	M. Barthélemy.
107 —	100-101	M. le commandant de l'escadre française devant Madras.
108 —	101-102	MM. les capitaines des vaisseaux devant Madras.

22 Décembre.

109 —	102	M. Barthélemy.

23 Décembre.

110 —	102-103	Le R. P. Antoine.

27 Décembre.

111 —	103-104	M. Barthélemy.

28 Décembre.

112 — 104 Le P. René.
113 — 104 M. Sornay.
114 — 105 M. Rauly.
115 — 105 M. du Marchais.
116 — 105 M. Barthélemy.
117 — 106 Le même.

30 Décembre.

118 — 106-107 Le même.

Année 1749.

2 Janvier.

119 — 107-109 M. Barthélemy.
120 — 109 M. Sornay.
121 — 109 Le P. René.
122 — 109-110 Madame Barthélemy.
123 — 110 M. Miriau.

4 Janvier.

124 — 110 M. Barthélemy.

5 Janvier.

125 — 111 M. (?) de Coja Mal (?)
126 — 111 Le P. René.
127 — 111-112 M. de la Métrie-Quentin.
128 — 112-113 M. Brenier.

6 Janvier.

129 — 113-116 M. Barthélemy.

9 Janvier.

130 — 116 M. Sornay.

12 Janvier.

131 — 116-118 M. Barthélemy.

14 Janvier.

132 — 118   M. Brenier.
133 — 119   M. Barthélemy.
134 — 119-120 M. Lucas da Costa Cravo, grand vicaire.
135 — 120   Le P. Antoine de la Purification.

16 Janvier.

136 — 120-121 M. Barthélemy.

18 Janvier.

137 — 121-122 Le P. Antoine de la Purification.

19 Janvier.

138 — 122   Le même.
139 — 122-123 M. Barthélemy.
140 — 124   M. Brenier.
141 — 124   M. Sabadin.
142 — 124-125 M. Babajan.

20 Janvier.

143 — 125   M. Barthélemy.

25 Janvier.

144 — 126-127 M. Brenier.
145 — 127   Le même.

28 Janvier.

146 — 127   M. Sabadin.
147 — 127-128 M. Barthélemy.

29 Janvier.

148 — 128 Le même.

30 Janvier.

149 — 129 Le même.

1ᵉʳ Février.

150 — 130 M. Goupil.
151 — 131 M. Barthélemy.

3 Février.

152 — 131 Le P. Antoine.
153 — 132-133 (2 *heures après-midi*) M. Kersaint.
154 — 133 M. Barthélemy.

4 Février.

155 — 133-134 Le même.
156 — 134-135 M. Bouvet (ou Bonnet).

5 Février.

157 — 135 M. de Kersaint.
158 — 135-136 M. Barthélemy.

6 Février.

159 — 136-138 M. de Kersaint.
160 — 138 M. de Saint-Médard.
161 — 138 M. Bouvet (ou Bonnet).
162 — 139 M. Portcharé.

10 Février.

163 — 139-140 M. Barthélemy.

13 Février.

164 —	140	Le P. Antoine.
165 —	140	M. Barthélemy.

15 Février.

166 —	141-142	M. Moreau.
167 —	142	M. du Marchais.

19 Février.

168 —	142-145	M. Barthélemy.

11 Mars.

169 —	145-147	Le même.

14 Mars.

170 —	147-148	Le même.

24 Mars.

171 —	148-149	Le même.
172 —	149	M. du Saussay.
173 —	149	MM. les officiers des troupes à Madras.
174 —	150	M. Lourenço d (?) Ruytendick.
175 —	150	M. Brower.

27 Mars.

176 —	151	M. Barthélemy.

31 Mars.

177 —	151-152	Le même.

9 Avril.

178 —	152-153	Le même.

14 Avril.

179 — 153-155 Le même.

17 Avril.

180 — 155   Le même.
181 — 155   M. Goupil.
182 — 156   M. Amat.

18 Avril.

183 — 156   Le P. Séverin.
184 — 156   M. Barthélemy.
185 — 156-157 M. Deslandelles.

19 Avril.

186 — 157   M. Barthélemy.

21 Avril.

187 — 157-158 Le même.

22 Avril.

188 — 158-159 M. Lucas de Costa-Cravo.

23 Avril.

189 — 159-160 M. Barthélemy.

25 Avril — 6 Mai.

190-197 — 161-167 Le même.

6 Mai.

198 — 167-168 M. Bruno.
199 — 168   Le même.

9 Mai — 31 Mai.

200-207 — 168-177 M. Barthélemy.

31 Mai.

208 — 177   M. Goupil.

10 Juin.

209 — 178-179 Le même.
210 — 179-180 Le P. René.

17 (ou 18) Juin.

211 — 180-181 M. Barthélemy.
212 — 181-182 M. L^s. d'Acostacravo.
213 — 182   Le P. Antoine.

20 Juin.

214 — 182-183 M. Vermont, chef à Palcaratte.

25 Juin.

215 — 184   M. Barthélemy.

4 Juillet.

216 — 185-186 Le même.
217 — 186   Le P. Antoine.

9 Juillet.

218 — 187-188 Le P. Antoine de la Purification.
219 — 188-189 M. Barthélemy.

15 Juillet.

220 — 189-190 Le même.
221 — 190   M. de la Borderie.

16 Juillet.

222 — 191   M. Barthélemy.

20 Juillet.

223 — 192-193 Le même.
224 — 193 Le même.

21 Juillet.

225 — 194 Le P. Antoine.

22 Juillet.

226 — 195 Le même.
227 — 195 M. Barthélemy.
228 — 196 M. Bruno.
229 — 196-197 Le R. P. René.

23 Juillet.

230 — 197 M. Chantoiseau.

26 Juillet.

231 — 197-199 M. Barthélemy.

30 Juillet.

232 — 199-200 Le même.

3 Août.

233 — 200-201 Le P. Antoine.
234 — 201-202 Coja Babajan.
235 — 202-203 M. Barthélemy.

4 Août.

236 — 203 Le même.
237 — 204 M. Sornay.

5 Août.

238 — 204 M. Barthélemy.

9 Août.

239 — 205 Le même.
240 — 206 Le même.
241 — 206-207 Le P. Antoine.

10 Août.

242 — 207-208 M. Bruno.
243 — 208 M. Barthélemy.
244 — 209 Le P. Antoine.

13 Août.

245 — 209-212 Le même.

14 Août.

246 — 213 M. Bruno.

18 Août.

247 — 213-214 Le même.

19 Août.

248 — 214-215 Le P. René.

25 Août, 10 heures soir.

249 — 216 M. Barthélemy.

26 Août.

250 — 216-217 Le même.

8 Septembre.

251 — 217-218 Le P. Antoine.

19 Septembre.

252 — 219 M. Bruno.

3 Octobre.

253 — 219   Le même.

23 Octobre.

254 — 221   Le même.

29 Octobre.

255 — 222   Le même.

3 Novembre.

256 — 222-223 Le même.

21 Décembre.

257 — 224-226 M. de la Métrie-Quentin.

Année 1750.

3 Janvier.

258 — 226-227 M. de la Métrie-Quentin.

4 Janvier.

259 — 227   M. Bruno.

6 Janvier.

260 — 228-229 M. de la Métrie.

19 Janvier.

261 — 229   Le même.

21 Janvier.

262 — 230   M. Bruno.

14 Avril.

263 — 230   M. Le Blanc.

5 Septembre.

264 — 231   M. Georges Jones.

7, 15, 28 Septembre : 7, 16 Octobre : 21, 30 Novembre, 3, 7 et 16 Décembre.

265-275 — 231-238 M. Hoyt.

Année 1751.

27 Janvier 1751 : 16 Décembre 1751 (?), 16 Mars, 20 Septembre et 18 Octobre.

276-280 — 238-239 M. Hoyt.

REGISTRE N° 9. — CORRESPONDANCE DE DUPLEIX AU MOMENT DE SON RAPPEL ET A SON RETOUR EN FRANCE.

1° Du 4 août 1754 jusqu'au départ de Dupleix de Pondichéry :

4 Août 1754.

1 —   1-3   M. de Bussy.

7 Août.

2 —   3-5   M. de Moracin.
3 —   5   Addition à la lettre n° 1 à M. de Bussy.

10 Août.

3 bis.— 5   M. de Moracin.

16 Août.

4 —   5   M. de Mainville.
5 —   5-6   M. Durocher.

19 Août.

6 —   6-7   M. de Bussy.
7 —   8-9   M. de Moracin.

30 Août.

8 —   9-11   Le même.

29 Août.

9 —   11   M. de Bussy.

31 Août.

10 —   11-13 M. Bomard.

11 Septembre.

11 —   13-17 Pas d'indication de destinataire : (M. de Moracin).
12 —   17   M. de Bussy.

13 Septembre.

13 —   17-18 5 billets à M. de Moracin (lettres de change).

7 Octobre.

14 —   19-26 M. de Bussy (*C*).

12 Octobre.

15 —   26-130   M. de Moracin (*C*).

2º Lettres écrites pendant la traversée :

(A) DE L'ILE DE FRANCE.

14 Décembre 1754.

16 —   31-32   M. le garde des sceaux.
17 —   32-33   MM. les syndics et directeurs généraux.
18 —   33   MM. de Montaran et Silhouette, commissaires du roi.
19 —   34-35   M. Choquet.
20-21 — 35-37   M. de Bacquencourt.
22 —   37-38   Mme de Bacquencourt.
23 —   38-39   M. de Savalette.

7 Janvier 1755.

24 —   40-43   M. de Bussy (*C*).
25 —   43-45   MM. du Bausset et de Larche.
26 —   43-45   Fin de la précédente.
27 —   46-50   Le Père Lavaur.

8 Janvier.

28 —   50-52   Mgr de Benetat, évêque d'Eucarpie.
29 —   52-54   M. de Moracin.
30 —   54-55   Addition à la lettre de M. de Bussy (n° 24).

(B) DE L'ILE BOURBON.

3 Février 1755.

31 —   55   M. Bouvet.
32 —   56   M. de Cossigny.
33 —   56   M. Le Juge.

34 —	56-57	Deux lettres à M. Hermant.
35 —	57-58	MM. de Larche et du Bausset.
36 —	58-59	M. de Bussy.

5 Février.

37 —	59-60	MM. de Larche et du Bausset.

(*C*) DU CAP DE BONNE ESPÉRANCE.

25 Mars 1755.

38 —	60-61	MM. Henri Pellissavy et Goneca, banquiers, et M. de Bacquencourt.

24 Mars.

39 —	63-64	MM. de Larche et du Bausset.
40 —	64-65	M. Godeheu.
41 —	65-67	M. de Bussy.
42 —	67-68	M. de Moracin.

25 Mars.

43 —	68	M. Bonnet.
44 —	69	M. Hermant.
45 —	70	M. Aublet, botaniste à l'Ile de France.
46 —	70-71	Lettre laissée à M. Honoratus Magnier, pour être remise à M. Aublet. — Lettre à M. Hermant. — Lettre laissée à M. Warwick pour être transmise à M. Hermant.
47 —	71	MM. les capitaines des vaisseaux français qui doivent aller du Cap à l'Ile de France.

30 Mars.

48 —   71-72   MM. les syndics et directeurs généraux.

(D) A BORD DU *Duc d'Orléans*, PENDANT LA TRAVERSÉE DU CAP A LORIENT.

Juin 1755.

49 —   72   MM. les syndics et directeurs généraux.
50 —   72-74   Les mêmes.
51 —   74-75   M. Dupleix.
52 —   75-76   M. de Montaran.
53 —   77-78   Mme de Bacquencourt.
54 —   78-79   M. de Savalette.
55 —   79   M. Choquet.
56 —   80   M. de la Lande Magon.
57 —   81   M. le Marquis de Conflans.
58 —   81-82   M. d'Autheuil.
59 —   82-83   M. de Saint-Georges.
60 —   83   M. Marion du Mersan.

(E) LETTRES ÉCRITES EN FRANCE.

15 Août 1755.

61 —   85-87   MM. de Larche et du Bausset.
62 —   87-88   M. de Moracin.
63 —   89-90   M. de Bussy.
64 —   90-91   Le P. Lavaur.
65 —   91-92   M. Bonnet.

20 Août.

66 —   92-94   M. Hermand.

21 Août.

67 —   94-95   M. de Cossigny.

11 Novembre.

68 —   96-97   Le P. Lavaur.
69 —   97-99   MM. de Larche et du Bausset.
70 —   99-102 M. de Moracin.

12 Novembre.

71 —   102   MM. de Larche et du Bausset.
72 —   102-103 M. de Bussy.

19 Janvier 1756.

73 —   104-106 M. de Leyrit.
74 —   106-114 MM. de Larche et du Bausset.
75 —   114-125 M. du Bausset.

24 Janvier.

76 —   126   MM. de Larche et du Bausset.

22 Janvier.

77 —   126-141 Le P. Lavaur.

24 Janvier.

78 —   141-154 M. de Moracin.

1ᵉʳ Février.

79 —   154-160 M. Hermand.
80 —   160-161 M. Le Juge.

3 Février.

81 —   161   MM. de Larche et du Bausset.

1ᵉʳ Février.

82 —   162-164 M. Desforges.

2 Février.

83 — 164-167 Mme de Moracin.

8 Février.

84 — 167-174 M. de Bussy (*C*).

10 Février.

85 — 174-175 Salabetsingue.
86 — 175-176 Naude Raja.
87 — 176-180 M. Renaud.

14 Février.

88 — 181-183 M. Berthelin.

16 Février.

89 — 183 MM. de Larche et du Bausset.

17 Février.

90 — 183-184 M. d'Auteuil.

14 Mars.

91 — 184 MM. de Larche et du Bausset.

20 Mars.

92 — 184-185 Rangapa, régisseur de Villenour et de Bahour.
93 — 185 Vardéo, brame de la ferme du tabac.
94 — 185-186 Papiapoulé, d'Arcate.
95 — 186 Rama.
96 — 186-187 Apou.
97 — 187 Vinayakem.

17 Mars.

98 — 188 MM. de Larche et du Bausset.
99 — 188 M. Hermant.

20 Mars.

100 — 189 Madrada Panded, écrivain en persan et autres langues.
101 — 189-191 Le P. Lavaur.
102 — 191-193 D. Luis Caetano d'Almeyda, à Goa.

27 Mars.

103 — 194 MM. de Larche et du Bausset.

21 Avril.

104 — 194-195 Le P. Lavaur.

23 Avril.

105 — 196-197 MM. de Larche et du Bausset.
106 — 197-199 M. de Bussy.

10 Juillet.

107 — 199-201 MM. de Larche et du Bausset.
108 — 202 Le P. Lavaur.

10 Octobre.

109 — 202-206 MM. de Larche et du Bausset.

15 Octobre.

110 — 206-209 MM. de Bussy et Moracin (*C*).

28 Octobre.

111 — 210 Addition à la lettre à MM. de Larche et du Bausset (n° 109).

B. — Registre de Copies de correspondance.

Les cinq cahiers classés dans cette catégorie ne sont pas de la main de Dupleix. Dans tous ces cahiers, le commencement et la fin manquent. — Pas d'ancienne cote, qui devait se trouver sur la couverture ou sur la première page.

CAHIER N° 1.

Année 1748.

1 —	1	Une fin de lettre.

21 Juin 1748.

2 —	1	M. Barthélemy.

22 Juin.

3 —	1	Le même.
4 —	2	M. Laurent Buytendick.
5 —	2	M. Paradis.

23 Juin.

6 —	3	M. Barthélemy.
7 —	3	M. l'officier commandant le détachement.
8 —	3	M. le commandant des vaisseaux français.
9 —	4	M. Barthélemy.
10 —	4	Le même.
11 —	4	M. Paradis.

24 Juin.

12 —	5	M. Barthélemy.

25 Juin.

13 —	5	M. Paradis.
14 —	5	Le même.
15 —	6-7	Le même.

27 Juin.

16 — 8 M. Paradis.

30 Juin.

17 — 9-11 M. Barthélemy.

1ᵉʳ Juillet.

18 — 11-16 Les syndics et directeurs généraux.

2 Juillet.

19 — 16 Commencement de lettre à M. David.

Cahier n° 2.

Année 1750.

15 Janvier.

1 — 1 M. Le Riche.

19 Janvier.

2 —	1-2	M. Duquesne.
3 —	2-3	M. Le Riche.
4 —	3-4	M. de la Métrie-Quentin.

23 Janvier.

5 — 4-5 M. Duquesne.

6 — 5 M. Le Riche.
7 — 5-6 M. Duquesne.

25 Janvier.

8 — 6-8 M. Duvelaer.
9 — 8 M. David.
10 — 8-9 M. le marquis de Dassay, chevalier des ordres du Roi.
11 — 9-10 M. Michel.
12 — 10 M. Godcheu.

Cahier n° 3.

Année 1750.

1 — 1 Une fin de lettre.

5 Juin 1750.

2 — 2-5 M. de Moracin.

6 Juin.

3 — 5-7 D. Luis Caetano d'Almeyda.
4 — 7 M. Louet.
5 — 7-8 M. Moracin.

12 Juin.

6 — 8-9 M. Le Riche.

15 Juin.

7 — 9 M. Louet.

16 Juin.

8 — 9-10 M. William Eliot, à Canton.
9 — 11 M. Louis, missionnaire au Tonkin.
10 — 11-12 M. de la Barre.

18 Juin.

11 —   12   Mon frère.

23 Juin.

12 —   12   M. Floyer.

26 Juin.

13 —   12-13   Le même.

29 Juin.

14 —   13   M. Le Riche.

1er Juillet.

15 —   14-15   M. Guillaudeu
16 —   15-16   M. Burat.
17 —   16   M. Fournier.
18 —   16   M. Roussel.
19 —   16-17   Indinaram.
20 —   17-18   Coja Mirza.
21 —   18   M. Morin.
22 —   19   M. Collé.
23 —   19   M. Gueulette.
24 —   19-21   M. de Leyrit.

5 Juillet.

25 —   21   Le même.

7 Juillet.

26 —   21-22   M. Le Noir.
27 —   22   M. Coquet.

10 Juillet.

28 —   22-23   D. André Caetano Vermudes.

29 —   23-24   Don Juan, évêque de Ségovie.
30 —   24   Le Marquis de Monte Castro.
               (La fin de cette dernière lettre manque).

CAHIER N° 4.

Année 1750.

25 Janvier.

1 —   1-12   Les syndics et directeurs généraux.

30 Janvier.

2 —   12-13   M. de Machault.
3 —   13-15   M. Rouillé.
4 —   15-17   M. Feydeau Duménil, à Paris.
5 —   17-18   M. Ingrande, à Poitiers.
6 —   18-19   M. de Saintard.
7 —   19-20   Mme Darboulin.
8 —   20-21   M. Darboulin de Richebourg.
9 —   21-22   M. Hardancourt.
10 —   22-23   M. Portebaré Herbert.
11 —   23   M. Gervais de la Mahonnais, à Saint-Malo.
12 —   22-24   Mme Joly.
13 —   24   M. le Maître de Mauluc.
14 —   24   M. Joly.
15 —   24   M. Pacot, à l'Orient.

CAHIER N° 5.

Année 1750.

1 —   1   Une fin de lettre.

22 Avril 1750.

2 — 1 M. Le Riche.
3 — 1 (*à 10 heures du soir*). MM. du Bausset et de Larche.
4 — 1-3 (*à 11 heures*). Les mêmes.

23 Avril, à 8 heures du matin.

5 — 3-4 Les mêmes.

25 Avril.

6 — 4-5 M. d'Auteuil.

26 Avril.

7 — 5 Le même.
8 — 5-6 (*7 h. 1/2 soir*). Le même.

27 Avril, 10 heures du matin.

9 — 6 Le même.
10 — 7 M. Le Riche.

28 Avril.

11 — 7-8 M. Dauteuil.

30 Avril.

12 — 8 Le même.

1ᵉʳ Mai.

13 — 8-9 M. Le Riche.
14 — 9-10 M. d'Auteuil.
15 — 10-11 (pas de date). M. Hoyt.

3 Mai.

16 — 11 M. d'Auteuil.

4 Mai, 7 h. 1/2 du matin.

17 —　　　　　Le même.

6 Mai.

18 —　　12-14　M. de la Barre.

23 Mai.

19 —　　14　　M. Le Riche.

26 Mai.

20 —　　14　　M. Floyer.

27 Mai.

21 —　　14-15　Le même.

30 Mai.

22 —　　15-17　Le même.
23 —　　17-20　M. de Leyrit.

2 Juin.

24 —　　20-21　(Pas d'indication de destinataire).
25 —　　21　　M. Floyer.

5 Juin.

26 —　　21-22　M. Louet.

C. — Lettres, copies et pièces diverses détachées émanant de Dupleix.

1. — (3, cote 192) (1). — *Février 1751.*

Extrait de la lettre de M. Dupleix à MM. les syndics et directeurs généraux.

— Marche de d'Auteuil sur Arcate arrêtée par les pluies. — Intelligences nouées dans l'armée de Nazersingue. — Conditions convenues avec les nababs gagnés par les Français. — Propositions faites par Nazersingue. — Dupleix envoie à La Touche l'ordre d'arrêter l'exécution du plan convenu : la lettre ne lui est parvenue qu'après le combat. — Envoi de La Touche à la Cour, avec des présents. — Détails sur ce qu'il serait convenable d'envoyer à Mouzafersingue de la part du Roi.

— Offre de Bussy d'escorter le nabab Mouzafersingue à Aurungabat.

— Récompenses demandées au Roi pour les militaires.

— Importance de l'envoi d'un serpeau par le Roi à Mouzafersingue : c'est l'affirmation de sa suzeraineté sur ce nabab.

— Demande d'envoi de troupes, 2,300 hommes en tout. Projet de répartition de ces troupes.

— Quelques lignes chiffrées.

— Les Français sont maîtres de la situation, avec Chandasaëb nabab d'Arcate, et Mouzafersingue souverain de tout le Dekan.

---

(1) Les indications portées après le numéro d'ordre de la pièce ont trait aux anciennes cotes dont il a été question dans la préface.

— 118 —

2. — (22 et 36, cote 323). — 17 Mai 1751.

Ordres et instructions pour M. d'Auteuil, capitaine de dragons de cette garnison.

— D'Auteuil remplacera près de Chandasaëb la Tour, qui rentre en France.

— Attaquer les Anglais qui escorteraient Mahametalikan, à moins qu'ils ne se trouvent sur leurs territoires de Divicotté, Goudelour, Saint-David, ou Madras. — Conduite à tenir vis-à-vis d'eux.

Un deuxième ordre, intitulé comme le premier, et portant la mention « pour Chandasaëb ». Mêmes instructions, à peu près dans les mêmes termes, moins ce qui concerne les Anglais. Il y est aussi question de la solde des officiers.

3. — (35, cote 323). — Pas de date indiquée.

Reproches à Chandasaëb de l'inaction de sa cavalerie au combat du 30 avril. Dupleix le menace de l'abandonner.

4. — (2, cote 194). — 14 Juin 1751.

Brouillons de lettres à MM. de Montaran et Savalette :

— Chagrin de Dupleix de la mort de Dupleix de Bacquencourt, son frère. — Instructions au sujet d'envois qu'il lui avait faits de l'Inde.

5. — (3, cote 194). — 15 Octobre 1751.

Dupleix à M. de Montaran.

— Confirmation reçue par lui de la mort de son frère. — Règlement de sa succession. — Achat d'une terre susceptible d'être érigée en marquisat.

— Projets de mariage pour son neveu. — Son avenir et celui de ses frères cadets.

— Retour de Dupleix en Europe. Il n'ose en prévoir le moment.

— Fausseté du mémoire de la Bourdonnais. — Lettre de M. Monson au sujet d'un accord particulier fait par la Bourdonnais à Madras. — Dupleix se plaint de ce que la Compagnie ne prenne pas suffisamment sa défense. — Lettre du sieur Cotterel.

— Demande d'envoi d'articles d'Europe pour Salabetsingue et de domestiques et de musiciens pour lui-même.

6. — (13ᵉ et dernière, *cote 194*). — *15 Octobre 1751.*

Dupleix à M. de Montaran.

Ce cahier de 28 pages a trait à toutes les affaires de la Compagnie en général. — M. de Leyrit. — Culture du cotonnier et du cocotier pour mettre nos acquisitions en valeur. — Quelques passages chiffrés relatifs aux négociations avec l'Angleterre au sujet des Hollandais, des Danois et des Portugais.

7. — (1ʳᵉ, *cote 193*). — *15 Octobre 1751.*

(A) Dupleix à M. de Machault.

— Envoi de la série des lettres de M. de Bussy. — Gloire qui résulte pour la nation des évènements qui viennent d'avoir lieu dans l'Inde. — Mort de Dupleix de Bacquencourt.

— Mémoires répandus dans le public contre lui-même. — Silence gardé par la Compagnie à cet égard.

(B) Dupleix au maréchal de Noailles.

— Il lui demande sa protection pour son neveu.
(C) Dupleix au duc de Gesvres.
— Au sujet du sieur Golland qui avait été l'objet d'une recommandation.

8. — (4, cote 194). — 15 Octobre 1751.

Dupleix à Duvelaer.
— Mort de M. de Bacquencourt. — Dupleix compte sur l'amitié de Duvelaer. — Il se réfère aux pièces que rapporte la Touche pour réfuter la théorie de « la paix à tout prix ». — Acquisitions de la Compagnie, leur valeur.
— Son retour éventuel en Europe.
— Appréciations sur M. de Leyrit, son successeur désigné.
— Accusations dont Friell a été l'objet.
— Tableau des officiers envoyé par la Compagnie.

9. — (6, cote 194). — 15 Octobre 1751.

Dupleix à d'Argenson, Rouillé, et Mme de Pompadour.
— Il leur demande leur protection pour ses neveux.

10. — (5, cote 194). — 15 Octobre 1751.

Dupleix à son neveu.
Un cahier de 12 pages. — Affaires de l'Inde. — Affaires de famille. — Nombreux passages chiffrés.

11. — (5, cote 192). — 15 Octobre 1751.

Dupleix aux syndics et directeurs généraux.

Cahier de 16 pages. — Évènements de la guerre à Trichinapaly.
— Inaction de Chandasaëb et de ses troupes.
— Nomination de Law au commandement. — Agissements des Anglais et de Mahametalikan, etc.

12. — (4, *cote 192*). — *15 Décembre 1751.*

Dupleix aux syndics et directeurs généraux.
-- Remerciements de leur sympathie à l'occasion de la mort de son frère.

13. — (8, *cote ?*). — *Novembre 1753.*

Dupleix à son neveu.
Cahier de 12 pages. — Affaires de famille. — Sa situation vis-à-vis des directeurs et de la Compagnie. — Libelle de la Bourdonnais.
— Musiciens envoyés de France, pierreries demandées, etc...

Section II. -- Lettres et Documents adressés à Dupleix.

D. — Documents relatifs aux Princes indigènes.

I. Pièces se rapportant aux évènements antérieurs à la mort de Mizam el Moulk.

1. — (38, cote 244). — 24 Janvier 1737.

Traduction d'une lettre écrite à Agy Mahamet le 24 janvier 1737.
— Affaire de commerce entre l'auteur de la lettre et Ouribal, neveu d'Alemezin.

2. — (39, cote 244). — « Reçue le 20 Mai 1739 ».

Traduction d'une lettre que le nabab Hussein Doust Kan, général de l'armée du Mogol dans le Tanjaour, a écrite à M. le gouverneur de Pondichéry.
— Bataille du 23 février 1739. — Nizam el Moulk est confirmé comme gouverneur du Dekan. — (Cahier de 8 pages).

3. — (76, cote 244). — Peu après la prise de Madras.

Lettre d'Iman-Sahib à M. le gouverneur.
Négociations avec Nizam et son fils Nazersingue.

4. — (36 et 37, cote 244). — Même date que la précédente.

Traduction de 10 lettres, ou extraits de lettres, savoir :
1° et 2° Lettres d'Iman Sahib à Dupleix ;
3° Extrait d'une lettre de Lavacanavisse au Mogol, pour lui annoncer la prise de Madras ;
4° Lettre de Ragogi Bonsola à Dupleix ;

5º Lettre de Mirza Mouhamed Kan, baschky de l'armée de Nazersingue, à Rangapa ;

6º Lettre du Nabab Mafouskan à Rangapa ;

7º Lettre de Sayet Kan, gazetier de la Cour, au même ;

8º Lettre d'Iman Sahib à Dupleix ;

9º Lettre de Chandasaëb à Dupleix ;

10º Lettre de Mouhamed Ali Kan, frère de Chandasaëb, à Dupleix.

Toutes ces lettres ont trait : à l'effet produit sur les indigènes par la prise de Madras : aux négociations entamées par Dupleix avec Nizam el Moulk : aux propositions faites par les Anglais à ce même Nizam et à Nasersingue : ce dernier les repousse, sur le conseil de Nizam et par crainte des Français.

II. — Pièces concernant Chandasaëb, Anaverdikan, Nazersingue, Mouzafersingue, Salabetsingue (1).

5. — (17, 18 et 41, *cote 244*).

Cahiers de traductions de lettres de divers personnages, écrites au moment de la bataille d'Ambour et de l'expédition de Tanjaour. — (Trois expéditions).

---

(1) J'indique seulement les dates qui sont portées sur les documents ou qui résultent des annotations qui peuvent s'y trouver. — Un certain nombre de ces pièces sont des copies de plusieurs lettres ayant trait chacune à des évènements qui se sont passés à des dates parfois très différentes : il n'était donc pas possible de leur assigner une date unique. On ne peut fixer, pour les documents qui ne portent pas d'indication, qu'une date approximative, qui est suffisamment indiquée par leur classement.

(A) Trois lettres de Saatoulakan Bahadour Mouzafersingue à Dupleix. — Demande d'appui. — Sa marche pour se rapprocher des Français, et choix qu'il a fait de Chandasaëb comme gouverneur du Carnate. — Nouvelle de la victoire d'Ambour et remerciements.

(B) Onze lettres de Chandasaëb à Dupleix. — Marche contre Anaverdikan. — Bataille d'Ambour. — Prise de Gingi.

(C) Une lettre de Savouraja, roi des Marattes. — Annonce qu'il a rendu la liberté à Chandasaëb.

(D) Lettre d'Anaverdikan à Dupleix, pour lui demander son appui contre Idayet Mouhedinkan (Mouzafersingue).

(E) Une lettre de Usseinkan à Dupleix, pour lui demander appui contre Anaverdikan.

(F) Une lettre de Saladakan à Rangapouli, pour envoyer à Dupleix la précédente.

(G) Une lettre de Chandasaëb à Dupleix, pour lui annoncer la prise de Maremgoudy (pays de Tanjaour).

(H) Une lettre de Mouzafersingue à Dupleix, pour le féliciter de ses succès au Tanjaour.

6. — (75, *cote* 244).

Traduction d'une lettre d'Iman-Sahib à Monsieur le Gouverneur.

— Négociations avec Mouzafersingue au sujet d'Yanaon et de Rajimendry.

7. — (40, *cote* 244).

Traduction d'une lettre écrite en persan à Monsieur le Gouverneur.
— Compliments.

8. — (71, 104 et 112, cote 244). — *Réception le 21 Juin 1751.*

Trois expéditions.
Lettre de Gazerdikan à Monsieur le Gouverneur.
Il lui annonce qu'il est nommé vice-roi du Dekan et qu'il va en prendre possession.

9. — (? cote 244).

Traduction de la lettre de Saatoulakan Bahadour Mouzafersingue au roi de France.
Il le remercie du secours des Français et lui demande un renfort de 5,000 hommes.

10. — (29, cote 244). — *27 Chavouat 1750.*

Traduction d'une lettre de Mouzafersingue (?) à son très cher et honoré frère Monsieur Dupleix Bahadour Zefersingue.
— Promesses de fidélité, d'honneurs, et traité de fraternité.

11. — (Cote 269).

Traductions de :
1° Paravana de Saatoulakan Bahadour Mouzafersingue. (Cession de Mazulipatam aux Français);
2° Paravana pour le cours des pagodes frappées à la monnaie de Pondichéry ;
3° Paravana de la concession de Devy ;
4° Paravana défendant de frapper des roupies ailleurs qu'à Haïderabat et à Mazulipatam ;
5° Traduction d'une lettre du nabab Neamatoulakan à Coja Cata, ci-devant daroga de Mazulipatam ;
6° Traduction du paravana du grand nabab

Saatoulakan Bahadour Mouzafersingue, qui nous a été envoyé pour l'obtention de Mazulipatam et de ses dépendances ;

7° Traduction du paravana du même nabab au nabab Neamatoulakan, daté du 24 décembre 1750, et à la chape du Cazy d'Elour.

Ces sept pièces sont renfermées dans une chemise, portant la suscription : « Copie de la traduction des paravanas de Mazulipatam, Dévy. — Cote 269, sept pièces. » Au-dessous, au crayon, la date « 1753 », et la mention « complet ».

12. — (65, cote 144 et 7, cote 172).

Traduction de la lettre d'Allaverdikan, le nabab du Bengale, à Monsieur Dupleix (deux expéditions).
Au sujet du secours donné à Salabetsingue.

13. — (6, cote 172),

Traduction de la lettre de Soujavel Molouk Anahamet Daoula Mahamet Alivardikan Bahadour Mahmetjingue, le nabab du Bengale, à M. Dupleix.
— Même objet que la précédente. — Protection de nos établissements de Cassimbazar et d'Hoogly.

14. — (21, cote 244).

Traduction de deux lettres :
1° Du nabab Anaverdikan (Allaverdikan ?) à Monsieur le Gouverneur.
Remerciements d'avoir rétabli Salabetsingue sur le trône, et d'avoir envoyé au gouverneur de Chandernagor l'ordre de s'adresser à lui Allaverdikan ;

2° Du nabab Salabetsingue à Monsieur le Gouverneur.

Envoi d'un firman du Mogol, qui accorde les demandes présentées par Salabet.

15. — (14 et 82, *cote 244*).

Traduction d'une lettre de Salabetsingue à « Monsieur mon très cher oncle, le gouverneur Bahadour Zefersingue ».

— (Deux expéditions).

Mort de Mouzafersingue. — Salabet prend le titre de neveu de Dupleix.

— Balagi ravage tout le pays d'Aurungabat : demande du secours de Bussy.

16. — (15, 16, 19, 58, 81 et 83, *cote 244*).

Six pièces, traductions de :

1° Une lettre du seigneur Sayet Mahametkan Bahadour Salabetsingue, Soubedar du Dekan, à M. Dupleix.

— Il réclame le concours de Bussy et de Kerjean.
— Nomination de Madaroute Mahom Raja Raguenada comme divan. — Il hésite pour savoir s'il ira à Pondichéry, ou à Golconde. — Il s'en rapportera à l'avis de Bussy ;

2° Une autre lettre du même à Dupleix.

— Bussy est venu à son secours. Il a l'espoir de faire céder Balagirao. — Il envoie le kaoul (saufconduit) demandé par Mahametalikan, ainsi que le paravana réclamé par Bussy ;

3° Une troisième lettre du même à Dupleix.

Balagi Rao, intimidé par les canons français, a cédé : Raja Raguenada s'entremet pour traiter avec lui.

17. — (*32, cote 244, n° C. — 32, et plus bas 30,
cote 244*).

Deux pièces en écriture orientale :

1° Papier pailleté d'or, 20 centimètres environ sur 40. Le texte du document est à une des extrémités de la feuille, dans un cadre doré de 12 centimètres sur 20. A l'autre extrémité, quelques caractères, probablement l'adresse ou la signature.

Au verso de cette feuille, et en regard de ces caractères, une sorte de timbre noir, carré, collé sur la feuille (de la dimension d'un timbre-poste). C'est sans doute un sceau ;

2° Papier uni, largeur environ 30 centimètres. Une des extrémités manque. — Très gros caractères d'encre de Chine. — Sceau d'encre noire, circulaire, d'environ 5 centimètres de diamètre, et sur lequel les caractères se détachent en blanc.

18. — (*33, cote 244. — 33, cote 244.
Mentions n° A et n° B*).

Deux pièces en écriture orientale :

1° Papier pailleté d'or, 35 centimètres sur 15 environ. Cadre semblable à celui de la pièce décrite au n° 17, même aspect général, timbre pareil ;

2° Pièce analogue à la précédente, mais plus petite. Porte en travers de gros caractères d'encre de Chine, semblables à ceux de la pièce 17, 2°.

19. — (*22, 31, 57, 63, 66, 79, cote 244*). (*Six pièces*).

Traduction de trois lettres de Salabetsingue à Dupleix.

(Ces trois lettres sont numérotées n° A, n° B,

et n° C, ce qui paraît se rapporter aux mêmes indications figurant sur les pièces 17 et 18 ci-dessus, dont ces pièces contiendraient vraisemblablement la traduction).

Lettre n° A :

Accusé de réception de la lettre de Dupleix au sujet des Aldées de Devracotta. — Ces aldées lui appartiennent de droit. Salabet envoie un paravana à « l'estimable Jeanne Begum, sa bienfaitrice ». Il va partir pour Aurungabat et Brampour.

Lettre n° B :

Remerciements. Envoi de présents de sa part et de celle de Balagi-Rao, roi des Marattes.

Lettre n° C :

Protestations de son dévouement pour Mouzaffersingue Bahadour.

20. — (26, 43 et 73, cote 244).

Traduction de la lettre du seigneur Salabetsingue à M. Dupleix, qu'il lui a envoyée en envoyant le paravana pour la province du Carnate et ses dépendances. — (Trois expéditions).

Protestations que tout appartient à Dupleix. — Il a nommé Houssein - Daoust - Kan - Bahadour Chamcha Daoula Mobaresjingue, naïb du Carnate, et a remis à Bussy le paravana de cette province.

21. — (28, cote 244). 1751.

Traduction de la lettre du nabab Salabetsingue écrite à M. le Gouverneur.

Le paravana envoyé pour Arcate est au nom de Moustrakan. Ce paravana avait été donné par

Mouzaffersingue au nom de Husseindost Kan, et c'est sur la demande de Bussy que lui l'a donné au nom de Moustrakan. — Protestations de sa bonne foi et de sa fidélité.

22. — (24, *cote 244*). *1751.*

Lettre de Roumikan à M. le Gouverneur.

— Il annonce l'envoi des paravanas d'Arcate, de Trichinapaly et de Maduré : de lettres du nabab à Mahametalikan, au gouverneur anglais, au roi de Tanjaour, à Morarao et à Moustrakan.

Propositions d'argent, faites par le roi de Tanjaour au nabab pour donner Trichinapaly à Mahamet Ali. — Représentations de Goupil au nabab à ce sujet. — Le paravana est donné à Dupleix. — Conseil donné par Bussy de marcher sur le Maïssour, afin d'avoir de l'argent pour payer les troupes. — Bussy a quitté l'armée. — Goupil le remplace : il a un caractère moins impatient. Bussy a demandé conseil à Roumikan, qui est d'avis que Bussy doit rester éloigné de l'armée.

23. — (25, *cote 244*).

Traduction d'une autre lettre de Roumikan à M. le Gouverneur.

— Il se plaint que les affaires ne vont plus comme au temps de Bussy. — Manque d'argent. — Brigandages de Balagi-rao.

24. — (80, *cote 244*).

Traduction de la lettre de Mouzaferkan à Monsieur le Gouverneur.

— Honneurs que lui ont conférés Bussy et Raja

— 134 —

Ragonatdas. Il les a acceptés, par égard pour ces deux personnages, avant d'avoir l'avis de Dupleix.

— Départ de Balogi et de son armée. Salabetsingue et lui sont en route pour Ederabat depuis le 7 courant.

25. — (35 *bis, cote 244*).

Traductions de :
1° Une lettre de Salabetsingue à Dupleix ;
2° Une autre lettre du même au même ;
3° Un firman du Mogol, arrivé le 6 du mois de Chavouat et apporté par Nizam-el Moulk ;
4° Une lettre de Raja Ragonatdas, divan du nabab, à Dupleix.

— Dignités et honneurs conférés par le Mogol à Dupleix et à Salabetsingue. — Arrivée de Cheik Ibrahim au camp.

— Ordres donnés d'arrêter tous les Anglais dans le Dekan.

26. — (26, *cote 244*).

Traduction de la lettre de Salabetsingue, écrite à M. le Gouverneur.

— Arrivée à Aurungabat. — Remerciements d'avoir envoyé Bussy à l'armée. — Critiques sur Bussy, au point de vue de la paie des troupes. — Salabet parle de se retirer à la Mecque, et ne veut plus recevoir d'ordres de Bussy, qui s'est permis d'envoyer sans le prévenir un émissaire à Balagi-rao.

27. — (12, *cote 244*).

Traduction de la lettre de Sayet Lachequerkan, écrite à Monsieur le Gouverneur.

— Au sujet de la solde des troupes françaises. — Situation vis-à-vis de Balagi-rao avec lequel la paix vient d'être conclue.

28. — (13, *cote 244*).

Traduction de la lettre du nabab Salabetsingue, écrite à M. le Gouverneur.

Paix conclue avec Balagi-rao. — Rôle de Bussy dans cet arrangement.

— Rôle de Sayet Lachequerkan. — Manque d'argent. — Pays ruiné.

— Rapports entre Bussy et Sayet Lachequerkan.

29. — (23, *cote 244*).

Traduction de la lettre de Sayet Lachequerkan écrite à M. le Gouverneur.

— Il a reçu une lettre de Dupleix approuvant l'arrangement conclu avec Balagi-rao. — Il n'était pas alors auprès de Salabet, mais à Paranda. — Bagi-rao n'observe pas le traité, qui a été fait par Bussy, mais à contre cœur et sous la pression de son entourage.

30. — (5, *cote 172*).

Traduction de la lettre de Raja Quicherao, daroga des Alcaras de l'Empereur, à Delhy, à M. de Bussy.

Il demande à Bussy d'envoyer une réponse à deux firmans qu'il a dû recevoir, et s'il est possible, quelques curiosités de son pays.

31. — (4, cote 172 et 20, cote 244). 11 de Rajab,
5ᵉ de mon règne.

Firman du Très puissant, au nom du gouverneur général Bahadour Zéfersingue.

(Deux exemplaires).

Traduction certifiée, signée Delarche, datée de Pondichéry, 24 février 1754.

32. — (3, cote 172). 1ᵉʳ de Chabânes, 1168ᵉ année de l'hégire et de mon règne la Vᵉ.

Traduction d'une lettre de l'empereur Alemguir, 2ᵉ du nom, à M. de Bussy.

Compliments, invitation à se rendre à la Cour, pour y recevoir des marques de faveur.

III. Rapports entre Dupleix, Mahametalikan, Salabetsingue et Saunders.

33. — (72, cote 244). 13 de Chabâne de la 4ᵉ année du règne d'Ahmed Shah.

Traduction de la copie de la lettre du nabab Salabet à Mametalikan.

— Ordre de remettre à Dupleix la forteresse de Trichinapaly, et menaces, en cas de désobéissance.

34. — (54, 55 et 56, cote 244).

Extrait de la lettre du nabab Salabetsingue à M. Dupleix.

— Au sujet de 20 laks de roupies que les Anglais et Mametalikan avaient envoyés en lettre de change. Salabet proteste que l'argent n'est rien pour lui, et qu'il ne tient qu'à l'amitié de Dupleix.

— Cette pièce est accompagnée de deux autres, en langue orientale. — L'une paraît être l'enveloppe de l'autre, et porte la mention : « Lettre où il est parlé de 20 laks de roupies offertes par Mametalikan et qui ont été refusées ». L'autre est analogue aux pièces décrites ci-dessus, n°s 17 et 18. Dimensions, 33 centimètres sur 25 : la première (enveloppe) est moitié plus petite.

35. — (114, cote 244).

Traduction de la lettre de Mametalikan à M. Dupleix.

— Il a reçu la lettre de Dupleix. Leur convention (?) expire le 11 du mois de Gelaës (octobre) mais malgré ses efforts, il n'a pas pu terminer ses affaires.

36. — (113, cote 144).

Traduction des lettres de Mahametalikan, nabab de Trichinapaly, à M. Dupleix.

Huit lettres relatives à un kaoul (sauf conduit) qu'il demande à Dupleix et à Salabetsingue.

37. — (45, cote 144). 16 Juillet 1753.

Nouvelles de Madras du 16 juillet 1753.

Mametalikan a demandé à Saunders de continuer à l'aider jusqu'au mois d'août.

Saunders lui a reproché de ne pas tenir ses engagements :

Mametalikan s'en défend et proteste de sa bonne volonté.

— Champatrao a dépeint Mametalikan à Saunders comme un fourbe.

— Saunders publie qu'il a les mains liées, qu'il attend le Gouverneur qui doit venir le remplacer, et ne répond pas à Mametalikan.

IV. Les Rajas du Maïssour (Naude Raja et Deve-Raja).

38. — (47, 62 et 102, *cote 244*).

Traduction de la lettre que Naude Raja, le beau-père du Roi de Maïssour, et le premier ministre du royaume de Maïssour, a écrit à M. le marquis Dupleix, au nom et des ordres du Roi son maître, qui n'écrit jamais à personne. — (Trois expéditions).

Félicitations à Dupleix du titre de marquis qui lui a été conféré. — Réjouissances organisées à cette occasion à Seringapatnam. — Offres de service.

39. — (68, *cote 244*). *Réception : 22 Juin 1753.*

Traduction de la lettre de Naude Raja à M. Dupleix.

Traité conclu entre Dupleix et Naude Raja. — Échange de l'empreinte de leur main.

— Il a reçu de Dupleix avis de la marche de Mametali sur Tiravady, et de l'envoi de Morarao et d'Astruc.

— Mametali est à Candour, à 3/4 de lieue de Tanjaour.

— Narsinquerao met le pays au pillage. — Demande d'envoi de renforts en toute diligence.

— Il a reçu les 370 boulets, 1,000 pierres à fusil et 2,000 cartouches.

39 bis. — (120ᵉ et dernière, *cote 144*).

1° Traduction d'une lettre de Chécheguiri, ouquil du Maïssour, à M. le Gouverneur.

Fourberie de Mametali. — Son maître est forcé de faire semblant de le soutenir, mais il veut s'en venger ;

2° Traduction d'une lettre de Nauderaja, dans le même sens.

40. — (101, *cote 244*). *19 Octobre 1753.*

Traduction d'une lettre de Naude-Raja à M. le marquis, du 19 octobre 1753.

— Combat de Banquarconda. — Inaction de Maissin. — Nécessité d'occuper les montagnes de Retere Mali et de Chercouvari pour couper les vivres aux ennemis.

— Malgré les supplications de Naude Raja, Brenier a battu en retraite sur Allitore et Alour. Mahametalikan l'a poursuivi, et est rentré à Trichinapaly. — Mésintelligence entre les officiers. — Astruc fait prisonnier. — Responsabilité de Véry dans tous ces évènements.

41. — (48 et 51, *cote 244*). *19 Août 1754.*

Traduction de la lettre de Naude Raja à son vaquil de Pondichéry, auquel il donne l'ordre de la lire à M. Dupleix. — Deux expéditions.

— Combat de Banquarconda. — Toute la responsabilité en revient à Maissin. — Les cavaliers de Naude Raja n'ont rien pu faire. — Si Mainville avait été là, il aurait pris Mahametali et le major (Lawrence). L'inaction de Maissin a été cause de la capture d'Astruc par l'ennemi. — Il faudrait l'échanger, et le renvoyer comme second sous les ordres de Mainville. — Nous pourrions alors occuper Retere Mali et Chercouvari paliam, couper les vivres et faire tomber la place.

42. — (43 et 106, *cote 244*). *Réception : 9 Février 1754.*

Traduction du mémoire que Nauderaja a envoyé à M. le marquis Dupleix, et qui est arrivé à Pondichéry le 9 janvier 1754. (Deux expéditions).
Son mécontentement de la mauvaise foi des Anglais et de Mametalikan.
Réclamations et demande de secours à Dupleix.

43. — (70 et 105, *cote 244*). *Réception : 9 Février 1754.*

Traduction de la lettre de Nauderaja à M. le marquis Dupleix.
— Réunion des députés français et anglais à Sadras. — Envoi d'un mémoire (peut-être celui qui fait l'objet du n° 42 ci-dessus).
— Recommandation de faire les accords avec soin, et de lui faire rendre Trichinapaly.

44. — (49, *cote 244*). *Réception : 19 Mai 1754.*

Traduction de la lettre de Chamichaverao à M. Dupleix, qui l'a reçue le 19 mai 1754.
Naude Raja et son maître (le Tondeman) sont bons amis. Le Tondeman a fait défense de laisser sortir des vivres de son royaume, (afin d'affamer Trichinapaly). — Occasion de s'attacher Tondeman, qui est furieux contre les Anglais de ne pas avoir

été protégé contre les Marattes, et qui a fait la paix avec Naude Raja.

45. — (108, *cote 244*).

Traduction de lettres de Deveraja à M. le marquis Dupleix :

1° Du 28 juillet 1753. — Il a reçu la lettre obligeante de Dupleix, qui lui annonce qu'il envoie du secours à son frère Naude Raja. — Remerciements, et offre de troupes. — Son pays est ravagé, et il manque d'argent ;

2° (Pas de date indiquée). — Il fait tous ses efforts pour se procurer de l'argent, mais son pays est ravagé.

— Marche des ennemis de Tiravady sur Trichinapaly. — Brenier a marqué l'occasion de les battre. Malgré tous leurs efforts, les Français n'ont pas encore pu se rendre maîtres d'Arcate ni de Trichinapaly, à cause de la mollesse de leurs officiers. — La prise de ces deux places permettrait d'entreprendre de grandes affaires

3° 6 mai 1754. — Il n'a pas de nouvelles de Dupleix. Naude Raja lui en donne qui l'inquiètent.
— Il a abandonné Mametali à cause de sa mauvaise foi. Mais nous ne pouvons rien terminer.

4° 9 juin 1754. — Il a reçu par les Arcaras la lettre de Dupleix, et l'accord. — Il a confiance dans la parole des Français. — Il a tardé à payer, à cause des ravages de Balagirao. Il considère Begum-Saëb comme sa sœur, et réclame protection pour lui-même et pour son frère Nauderaja.

— 142 —

46. — (109, 111 et 115, *cote 244*).

Traduction de deux lettres de Deveraja à M. Dupleix. (Trois exemplaires) :

1º 26 janvier 1754. — Il a reçu les réclamations de Dupleix au sujet de la paie des troupes de son frère : « Prenez Trichinapaly : c'est peu de chose pour vous ». L'accord que nous avons fait ensemble est tout à votre avantage : Begum Saëb en est le sceau ;

2º (Sans date indiquée). Mauvaises nouvelles données par Nauderaja. Mametali est de mauvaise foi, c'est pourquoi lui Deveraja s'est allié aux Français. — Mais il faudrait payer les troupes, qui vont se démoraliser : lui ne peut le faire, à cause des ravages de Balagirao : Trichinapaly n'est pas difficile à prendre : « Ordonnez à vos commandants d'en finir ».

V. Pertabsingue et le Tanjaour.

47. — (119, *cote 244*). *25 Janvier 1754*.

Traduction de la lettre de M. Dupleix au rajah de Tanjaour, du 25 janvier 1754 notre stile :

« Vous souhaitez faire alliance avec moi, et vous cherchez à terminer vos accords avec Naude Raja. — Je vous promets mon secours en cas d'attaque, à la condition que vous n'aiderez plus Mametali, que vous interdirez aux Anglais le passage sur vos terres, et que vous ne leur donnerez plus d'argent ».

48. — (78, *cote 144*).

Lettre de Petarbsine, roi de Tanjaour, à Monsieur le marquis Dupleix.

Remerciements de sa protection. — Demande d'obtenir pour lui le secours de Houssein Doustekan. — Envoi d'un personnage de sa Cour.

49. — (85 et 86, *cote 244*).

Traduction de la lettre de Pretapsingue, raja de Tanjaore, à M. le marquis Dupleix.

— Il désire vivement voir Dupleix, à qui Saunders a écrit que Jeanne Begum avait promis à lui, Pertabsingue, des laks de roupies sur les Aldées de Trichinapaly. — Dupleix lui avait demandé des explications à ce sujet. « Alemkan avait fait ces promesses au temps de Chandasaëb : voilà ce qui s'est passé ».

Le verso de cette pièce porte une note ainsi conçue : « J'ai remis la lettre du roi de Tanjaour et les traduction pareilles à celles-ci à M. Dupleix, qui les envoya, je crois, à M. Saunders. »

Cette pièce est accompagnée de l'original en tamoul (?), feuille oblongue de 15 centimètres sur 35 environ.

50. — (92 et 93, *cote 244*).

Traduction (accompagnée de l'original en tamoul (?) de la lettre du bramener Chambachiverao à M. le marquis Dupleix.

— Il a détaillé au raja le contenu des lettres de Dupleix. — Azeret Begum Saëb n'a jamais parlé de l'affaire en question (voir la lettre précédente). Comment M. Saunders peut-il écrire des choses qui ne sont pas vraies ? Le raja est fâché de ces impostures contre Begum Saëb qui a son amiétié.

51. — (*60, cote 244*).

Traduction de la lettre du roi de Tanjaour à M. Dupleix.
— Son désir de le voir. — Il a reçu de lui une lettre disant qu'il n'était pas question de ce qui s'était passé au temps de Chandaskan.

52. — (*59, 90 et 96, cote 244*).

Traduction, accompagnée de l'original en tamoul, d'une lettre de Saccagi Naïquem, (ministre du roi de Tanjaour avant Manogi) à M. Dupleix.
Dupleix a écrit à Chambachiverao. — Le raja est satisfait de ce que Dupleix ait accueilli les propositions apportées par Nagapa et Raganetayen. — Tout le royaume de Tanjaour appartient à Dupleix, etc...
La pièce originale est un carré de papier rouge, de 22 centimètres de côté. (Le papier rouge est un signe de joie).

53. — (*117, cote 244*). *19 Juin 1754.*

Traduction de la lettre de M. Dupleix au rajah de Tanjaour, du 19 juin 1754 notre stile.
Nagapaya et Ragounatayen lui ont rendu compte de l'intention où était Pertabsingue d'arrêter Mahametali. — Si cela arrive, Dupleix enverra Mainville et son armée pour le protéger contre les Anglais, et sera son ami pour la vie. — Il aurait dû comprendre plus tôt l'avantage de l'alliance avec les Français, et ne jamais soutenir un homme qui n'était même pas de sa caste.

54. — *(67, 98, 99 et 100, cote 244). 28 Juin 1754 (réception).*

Traduction (accompagnée de l'original) de la lettre de Routragi Pandeter, l'homme de confiance de Manogi, à M. Dupleix qui l'a reçue le 28 juin 1754.
Nomination de Manogi comme ministre du roi de Tanjaour.
Il demande l'amitié de Dupleix.
Deux expéditions de la traduction. L'original, en tamoul est une feuille de 35 centimètres sur 18, accompagnée d'une enveloppe. La lettre est écrite sur deux colonnes juxtaposées, et les lignes de celle de gauche sont obliques.

55. — *(81 et 118, cote 244). 28 Juin 1754 (réception).*

Traduction de la lettre de Manodgy à M. Dupleix, qui l'a reçue le 28 juin 1754. (Deux exemplaires).
— Son grand rajah regarde Dupleix comme son frère, et on est déterminé ici à mériter son amitié.

56. — *(58, 89 et 93, cote 244). 12 Juillet 1754 (réception).*

Traduction (accompagnée de l'original) de la lettre de Maccagi-Naïquem à M. Dupleix, qui l'a reçue le 12 juillet 1754. (Deux expéditions).
Il a remis les lettres de Dupleix. Nagapa et Raganatayen ont rendu compte de ce dont ils étaient chargés.
Ils rapporteront à Dupleix les nouvelles secrètes dont le nabab leur a fait part.

La pièce originale en tamoul à 25 centimètres sur 11. Elle est écrite sur 2 colonnes dont l'une à ses lignes obliques, comme la pièce classée au n° 54.

VI. Pièces postérieures au rappel de Dupleix (4 Août 1754).

57. — (52 et 110, *cote 244*). *30 Août 1754* (*réception*).

Traduction de la lettre de Bagirao à M. Dupleix qui l'a reçue le 30 août 1754. (Deux expéditions).

Il annonce que Hamet Pacha a été détrôné et remplacé par Alemguir, arrière-petit-fils d'Aurengzeb.

58. — (50 et 74, *cote 244*). *1ᵉʳ Septembre 1754* (*réception*).

Traduction de la lettre de Naude Raja à M. Dupleix, qui l'a reçue le 1ᵉʳ septembre 1754. (Deux exemplaires, accompagnés de la pièce originale en langue du Maïssour).

Sa désolation du départ de Dupleix.

La pièce originale est une feuille oblongue, de 35 centimètres sur 20. Une autre feuille paraît en être l'enveloppe. Ces deux feuilles portent un sceau d'encre noire, qui n'est pas le même pour chacune d'elles. — L'écriture est tout à fait différente de celle des autres pièces hindoues décrites ci-dessus.

59. — (4, 5 et 6, *cote 244*). *10 Octobre 1754* (*réception*).

Traduction de la lettre de Chanavaskan, le divan

du nabab Salabetsingue, à M. Dupleix, qui l'a reçue le 10 octobre 1754. — Cette traduction est accompagnée de la lettre originale.

— Compliments et protestations d'amitié.

— La pièce originale est une feuille oblongue, de 8 centimètres sur 30. Elle est accompagnée d'une autre feuille carrée, portant la mention « lettre de Chanavaskan ». La disposition et l'écriture sont semblables à celles des pièces analogues dont il est question ci-dessus (17, 18, etc.).

60. — (*1, cote 232 et 42, cote 244*). *23 Août 1754.*

Extrait des comptes présentés par Morarao, et copie de la lettre de Dupleix à Morarao, datée du 23 août 1754. (2 pièces).

Le compte présenté par Morarao contient des prétentions exorbitantes : Dupleix lui écrit pour les réduire à leur juste valeur, et lui conseille de conserver l'amitié du nouveau gouverneur.

61. — (*2, cote 172*).

Traduction littérale d'une lettre de Mahametalikan à Safchiquenkan, gouverneur d'Ayderabad.

— Arrivée d'un général anglais. — Départ de Dupleix pour la France. — Mahametalikan et les Anglais vont chasser les Français, avec le concours du nabab et des Marattes.

VII. Affaires diverses.

62. — (*77, cote 244*).

Extrait de deux lettres d'Iman-Sahib à M. le Gouverneur.

— Capture par les Anglais du vaisseau le *Hamet Chah*. Dupleix avait demandé au nabab un paravana pour se le faire restituer.

63. — (64, *cote 244*).

Traduction de la lettre du nabab du Bengale à Monsieur le marquis Dupleix.

Remerciements d'avoir accepté ses présents. Sa satisfaction de l'accord conclu entre Balagirao et Salabetsingue. — Autorisation accordée, par égard pour Dupleix, aux Danois, d'établir des factoreries.

E. — Officiers ou Agents anglais.

1. — (23, *cote 323*). *29 Juillet 1751.*

Lettre de Clarke à Gingins, datée de 8 milles de Combakconan.

Il vient le rejoindre avec 150 hommes, Clive, Varole et Cambet. Il lui demande de venir au devant de lui, dans le cas où il serait attaqué par Chandasaëb.

2. — (24, 25 et 26, *cote 326*). *10 Août 1751.*

Protestation, accompagnée d'une traduction en français et d'une lettre d'envoi, adressée par Gingins à d'Auteuil, de la part du Gouverneur et du Conseil de Saint-David.

3. — (45, *cote 323*). *30 Août 1751.*

Lettre de Gingins aux capitaines Richards et Kilpatrick.
— Il est question de lui retirer son commandement. — Il leur demande de témoigner de ce qu'ils savent au sujet d'un projet d'enivrer les Coffreys (?) pour les faire tourner du côté de Cope.

4. — (43, 46, 47 et 48, *cote 323*). *2-4 Septembre 1751.*

Traduction de lettres de Saunders à Gingins et à Cope :

1° A Gingins (4 septembre) : Nous avons à présent une chance de succès. — Surveillez l'armée de Chandasaëb, et suivez sa marche ;

2° Au même (3 septembre). Clive s'est emparé d'Arcate : il est probable que Chandasaëb va s'y porter. Assurez Trichinapaly, prenez des mesures pour la sécurité du nabab et de sa famille, et tenez des détachements prêts ;

3º A Cope (3 septembre). S'il manque de munitions, c'est de sa faute. — Clive est à Arcate. — Se préparer à suivre Chandasaëb, s'il se met en mouvement ;

4º A Gingins (2 (?) septembre). Le waquil du nabab craint que si l'armée quitte Trichinapaly, Chandasaëb ne bouge pas, et n'envahisse le pays après votre départ. — Surveillez ses mouvements. — Envoyez à Clive des munitions avec 150 hommes d'escorte ;

5º Au même (pas de date). Au sujet de correspondances qui ne sont pas parvenues. — Envoi de lettres de change pour la solde. — Envoi d'une lettre pour le nabab et d'une autre pour Chandasaëb, qu'il lui enverra s'il le juge à propos. — Les Français ont pris votre ville, prenez mieux vos mesures. — Clive est dans le pays d'Arcate. — Profitez de la moisson pour ravitailler Trichinapaly.

(A cette traduction sont joints les originaux des lettres nºˢ 1, 3 et 5).

5. — (40, *cote 323*). *6 Septembre 1751.*

Lettre de M. de Saint-Félix à M. Law, commandant les troupes françaises au camp.

Gingins lui a communiqué une lettre de Law, refusant l'argent qu'il lui envoyait, en disant qu'il avait envoyé 100 roupies à lui, Saint-Félix, comme prisonnier. — Saint-Félix, n'étant pas prisonnier, a retourné ces 100 roupies à Law.

Chauvin est mort de sa blessure. — Gingins ne l'a laissé manquer de rien.

6. — (27 et 28, *cote 323*). *14 Septembre 1751.*

Lettre de Saunders à Dupleix, et traduction. Au sujet de l'arrestation des porteurs de lettres et de marchandises anglaises à Devicotta, par des agents français.

7. — (14, *cote 323*). *Trichinapaly, 6 Décembre 1751.*

Lettre de Munro à M. Law, commandant les troupes française au camp.

Au sujet d'un coup de canon tiré par erreur d'une batterie malabare au service des Anglais, après que le drapeau d'armistice était hissé.

8. — (53 *bis, cote 323*).

Une fin de lettre en français, probablement traduction d'une lettre anglaise.

F. — Armées du Carnate, Trichinapaly, Tanjaour, etc...

1. — (26 (ou 27), cote 322).

Une pièce en portugais, adressée à Dupleix, et signée de caractères orientaux. — A côté de cette signature, et d'une autre encre que celle du corps de la pièce, la mention « Signé Mouzaferkan ».

2. — (27, cote 322).

Une autre pièce, analogue à la précédente.

3. — (3, cote 322). Karikal, 26 Janvier 1750.

Du Rouvray à Dupleix.
Transport de Duquesne malade à Karikal. — Sa mort.

4. — (8, cote 322). Camp de Tanjaour, 26 Janvier 1750.

Le sieur Thomas Convay à Dupleix.
Réclamation au sujet de sa part de gratification, qui doit être égale à celle d'un lieutenant.

5. — (55, cote 321). Camp de Tanjaour, 19 Février 1750.

Réclamation collective de 14 officiers, qui l'ont signée, au sujet du partage des gratifications (pièce originale).

6. — (52, cote 321). Camp français, 20 Février 1750.

La Ville Hélias du Felet à (?).

Il n'est pour rien dans l'arrangement pris au sujet de la gratification.

7. — (44, *cote 322*). *Tiravady, 1ᵉʳ Mars 1750.*

D'Argouges à Dupleix.
Arrivée d'Inamoudinkan, de Chandasaëb et de la Touche avec leurs armées. — Approvisionnement du fort.

8. — (63, *cote 322*). *Tiravady, 11 Mars 1750.*

Dussaussay à Dupleix.
Approvisionnement du fort, l'alvadar est un fourbe.
— Approche des Anglais et des Marattes.

9. — (2, *cote 322*). *Develliour, 13 Mars 1750.*

Dussaussay à Dupleix.
Sa santé ne lui permet plus de continuer la campagne.

10. — (57, *cote 321*). *Villenour, 12 Mars 1750.*

Delessert à Dupleix.
Il est fatigué du voyage, n'est pas rétabli d'une blessure reçue au Tanjaour, et demande à rentrer à Pondichéry.

11. — (49, *cote 321*). *Villenour, 12 Mars 1750.*

Justamond à (?).
Même objet que la précédente.

12. — (1, *cote 322*). *Aux Tamariniers, 13 Mars 1750.*

Dejelajanere (?) à Dupleix.

Le détachement, arrivé la veille à 11 heures du soir, a trouvé de la poudre, des balles, une dizaine de chevaux et des fusils. — Ils ont été harcelés par des cavaliers, et ont brûlé des villages sur leur route.

13. — (58ᵉ et dernière, cote 321).
Au camp, 14 Mars 1750.

La Ville Hélias du Felet à (?).
Demande à rentrer à Pondichéry pour se soigner.

14. — (17, cote 322). Saint-Thomé, 31 Mars 1750.

Kermoat à Dupleix.
Un convoi anglais va partir dans la nuit avec une faible escorte.
— Désertion méditée par le sieur Vaveuil (?).
La Sainte-Catherine, vaisseau anglais, a mouillé à Madras.
Le convoi ne partira que le lendemain au soir.

15. — (21, cote 322). Camp de Chinnagu,
31 Juillet 1750.

Garanger à Dupleix.
Il a perdu son père, et se recommande à la bonté de Dupleix.

16. — (42, cote 322). Le camp, 5 Août 1750.

Brenier à Dupleix.
Il est en présence de l'ennemi, dans une situation avantageuse, et sera dans peu de temps maître de Trichinapaly.

17. — (*14, cote 322*). *Tiravady, 21 Août 1750.*

Sauvegret à Dupleix.
Au sujet d'une demande d'acquisition de terrains faite par les habitants pour construire une maison.

18. — (*58, cote 322*). *Vilparon, 23 Août 1750.*

Pradeau à la Touche.
Avis que 2,000 cavaliers sont entre Arcate et Chetpet, et vont rejoindre Mametalikan. — Il envoie vérifier le fait.
Il demande la permission de tirer une salve de 25 coups de canon pour la Saint-Louis.

19. — (*69ᵉ et dernière inventorié 322*).
Camp devant Tiravady, 2 Septembre 1750.

Sabadin à Dupleix.
Il réclame les appointements dus pour le voyage de Tanjaour.

20. — (*45, cote 321*). *Vilparon, 4-10 Septembre 1750.*

Lenormand à Dupleix.
Nécessité d'occuper un point de la route à deux lieues de Vilparon, pour assurer la sécurité des convois.

21. — (*36, cote 322*). *Vilparon, 27 Septembre 1750.*

Foulon à Dupleix.
Il a reçu la toile, la devise et la poulie, et fait monter le pavillon. — On le hissera les dimanches et fêtes.

22. — (37, *cote 322*). *Vilparon, 27 Septembre 1750.*

Pradeau à d'Auteuil, commandant l'armée française à Cafferi.
Remerciements de la notification de son grade de lieutenant.
Attaque de l'aldée par les Maures, qui ont été repoussés.
Demande de 70 cipayes, pour garnir des postes indispensables à occuper.

23. — (42, *cote 322*). *Camp de Satepette,*
24 Novembre 1750.

Kerjean à Dupleix.
Occupation des terres de Gingi. — Efforts du Père Martin pour les mettre en culture. — Saison pénible, maladies, nécessité de récompenses pour remonter le moral de la troupe. — Accident arrivé à Mouzafferkan, impression produite sur les Cipayes. Kerjeon les rassure.

24. — (16, *cote 323*). *Gingi, 30 Mai 1751.*

Latoize à Dupleix.
Canons demandés par d'Auteuil. Rezasaëb est passé à Gingi. — Organisation des communications et des colonnes. — Besoins en matériel.

25. — (33, *cote 323*). *Camp devant Volconde,*
15 Juin 1751.

Le chevalier de Mouhy à Dupleix.
D'Auteuil fait pressentir que le Coleron ne pourra être franchi avant le mois d'octobre. — Le chevalier de Mouhy s'offre à partir pour la côte

Malabare où il recrutera des renforts parmi les déserteurs, et d'où il ramènera aussi son frère.

26. — (32, *cote 323*). *Nalour, 17 Juin 1751.*

Ladvocat de la Brochais à Dupleix.

Demande à rentrer à Pondichéry assez à temps pour pouvoir partir pour l'Europe au mois d'octobre.

M. de la Hautière, officier que M. d'Auteuil lui a donné pour discipliner les troupes de la marine, mérite des éloges et se recommande à Dupleix.

27. — (48, *cote 323*). *A l'armée, 1er Août 1751.*

Véry de Saint-Roman à Dupleix.

Retour éventuel de d'Auteuil à Pondichéry, pour raisons de santé. — Son remplacement par Brenier.

— Les Anglais montrent peu de solidité, et Gingins paraît peu au fait de son métier.

Cheikassem s'est bien comporté.

Les pluies ont encore grossi la rivière.

28. — (49, *cote 323, et mention « répondu le 5 ».*
Samievaron, 1er Août 1751.

Brenier à Dupleix.

Il est flatté du choix qu'on a fait de lui pour remplacer d'Auteuil, mais il craint de n'être pas à hauteur.

Sa santé n'est du reste pas des meilleures.

29. — (55, *cote 323*). *Cananour, 4 Août 1751.*

Brenier à Dupleix.

Il a reçu sa lettre du 31 juillet. — On aurait pu

tirer un meilleur parti de la situation, si Cheikassem avait averti aussitôt son départ.

— Dispositions prises par les Anglais à Trichinapaly et le long de la rivière, qui ne sera pas guéable avant deux mois. — On visite néanmoins les gués tous les jours.

— Annonce de la marche d'un convoi anglais de Devicotta sur Trichinapaly. — Envoi d'un détachement pour renforcer le poste de Combackconan et arrêter ce convoi.

— Demande de M. Daublin pour commander les troupes.

Remise en état du matériel.

— Remerciements d'avoir garanti le paiement de la gratification promise par Chandasaëb, qui oublie facilement les engagements pris.

30. — *(54, cote 323). Cananour, 5 Août 1751.*

Brenier à Dupleix.

Le roi de Tanjaour annonce l'envoi d'un détachement à Tirivedy, et d'autres troupes pour couper les communications avec Divicotta.

Mesures concertées entre Brenier et lui pour arrêter le convoi anglais.

Chandasaëb se prépare à passer le Coleron. Ce sera difficile, et l'on risque d'être coupé des communications par les rivières débordées.

Pénurie d'officiers. — Véry est malade et demande à rentrer à Pondichéry.

31. — *(51, cote 323). A l'armée, 7 Août 1751.*

Véry de Saint-Roman à Dupleix.

— Il demande à rentrer à cause de sa santé.

Il y a peu d'apparence qu'on puisse passer le Coleron.

32. — (*53, cote 323*). *Samievaron, 7 Août 1751.*

Brenier à Dupleix.
— Il a reçu la lettre adressée à d'Auteuil.
— Cope n'est pas à Seringham. Il garde la rivière avec l'un des trois corps. — Le Coleron est toujours débordé. — Cheikassem est campé sur le bord, et a quelques compagnies dans l'île.
— Débarquement, annoncé par M. Le Riche, de renforts pour le convoi anglais qui est à Maivaron.
— Insubordination des Cipayes et de Cheikassem.
Fâcheux état de santé des officiers.
— Un convoi ennemi est signalé à Varlachevon par le brame de Tirivedy. — Envoi éventuel d'un détachement sur ce point.
— Évacuation des malades de Volconde sur Pondichéry.

33. — (*50, cote 323*). *Canevaron, 8 Août 1751,*
8 heures du matin.

Brenier à Dupleix.
— Passage du Coleron à tenter. — Situation de l'île de Seringham, dans laquelle tous les mouvements de troupe sont vus par les Anglais. — Il n'y a dans l'île que quelques compagnies de Cheikassem.
— Difficulté du passage. — Projet de construction de radeaux. — Inertie de Chandasaëb. — Brenier demande qu'on lui envoie des bambous et des matériaux.

— Cheikassem veut prendre la direction des opérations, ce qui ne se peut souffrir.

34. — (52, cote 323). *Samievaron, 9 Août 1751.*

Brenier à Dupleix.
Il a reçu ses lettres du 4 et du 5.
Le Coleron est toujours débordé. — Les chalands sont en mauvais état. — Il manque de cordages pour les radeaux.

— Reconnaissance dans l'île, difficulté d'y passer sans bateaux. — On a reconnu l'emplacement d'un camp au bord de la rivière.
Brenier a écrit à Mametalikan et envoie à Dupleix copie de sa lettre. — Bruits de retraite des Anglais.

— Copie de la lettre à Mametalikan : Brenier lui envoie la lettre de Dupleix et le kaoul qu'il a demandé : il lui conseille d'être de bonne foi, et de profiter de cette occasion pour obtenir des conditions avantageuses.

35. — (56, cote 323). *Cananour, 10 Août 1751,
8 heures soir.*

Brenier à Dupleix.
Retour de d'Auteuil à l'armée. — Brenier s'en félicite.
Faux bruit du passage du Coleron par Cheikassem, qui n'a que quelques compagnies dans l'île, et canonne hors de portée au travers de la rivière.

— Les Anglais sont retranchés sur le *Cauvery* en face de l'île.

— Envoi d'un détachement pour arrêter un convoi anglais signalé par une lettre qui a été interceptée.

— Brenier n'a pas de réponse de Mametalikan, qui a écrit à d'Auteuil.

— Les Anglais gênent nos communications.

36. — (7, cote 323). Cananour, 18 Août 1751.

Brenier à Dupleix.
Au sujet d'une distribution de décorations pour le siège de Pondichéry, et autres faits de guerre, dans laquelle il a été oublié.

37. — (6, cote 323). De l'armée, 20 Août 1751.

Brenier à Dupleix.
La commission de capitaine qu'il a reçue étant plus ancienne que celle de d'Auteuil, il ne peut continuer à servir sous ses ordres.

38. — (3, cote 323). Cananour, 8 Septembre 1751.

Brenier à Dupleix.
Il reçoit une lettre de Dupleix. — Il est fâché que le rang ne puisse lui être accordé : mais il prend le parti de rester sous d'Auteuil, et demande toutefois un congé pour régler ses affaires.

39. — (20, cote 323). Cananour, 12 Septembre 1751.

Du Rocher de la Périgné à Dupleix.
Il lui a écrit pendant la route. — Arrivée de Law.
Retour probable de d'Auteuil et de Brenier à Pondichéry.
Il réclame le poste de major de l'armée, comme étant le plus ancien des capitaines.

40. — *(21, cote 323). Cananour, 14 Septembre 1751.*

Certificat d'Aubert, chirurgien-major de l'armée, constatant le mauvais état de santé de d'Auteuil.

41. — *(17, cote 323). Chetoupette, 27 Décembre 1751.*

Brenier à Dupleix.
Solde des troupes. — Attente de l'arrivée des malades.
On dit que l'ennemi marche sur Conjeveram.

42. — *(23, cote 323).*

Offres pour la paix (de la main de Dupleix).
Premières offres : Céder Trichinapaly à Mahametalikan avec la redevance ordinaire due pour Arcate.
Neutralité réciproque des Français et des Anglais.
Deuxièmes offres : Si l'on voit que Mahametalikan, ou plutôt les Anglais, ne veuillent pas consentir, ni laisser sortir nos gens de Seringham, et que Mahametalikan veuille absolument être nabab d'Arcate, en ce cas lui faire entendre que s'il veut céder Trichinapaly à Rezasaëb, on lui cédera Arcate, etc... — Qu'il sera fait un jaguir de 300,000 roupies à Chandasaëb, etc...

43. — *(20, cote 321).*

Puymorin à Dupleix.
Au sujet d'un état de ses services à envoyer au ministère.

G. — Expédition du Dekan.

(A) Bussy.

1. — (59, cote 323). 15 Mars 1751.

Dupleix à Bussy.
Il lui reproche de ne pas s'être arrêté aux environs de Cadapé comme cela était convenu. — Sa marche prématurée vers la Quichena, avec le nabab, pouvait gêner les combinaisons de Dupleix. — Une halte de quelques jours aurait permis à Bussy de recevoir des instructions, et cet arrêt aurait fait obtenir du nabab les paravanas demandés.

— Instructions données : Attendre les renforts demandés en France pour marcher contre les Marattes et les détruire.

— Projets sur le Dekan et sur Surate.

— Ne pas oublier le kaoul pour Mametalikan.

— Il faudrait que Salabet écrivît aux Anglais pour affirmer sa souveraineté, et leur réclamer Méliapour, Pandemaly, et Tirouvandipouram dont ils se sont emparés au cours de la dernière guerre : ou bien qu'ils produisent des paravanas en bonne forme de Mouzafersingue. — Promettre sa protection en cas de soumission et menacer dans le cas contraire de la colère du roi d'Angleterre.

2. — (32, cote 264). Sans date indiquée.

Traduction de la lettre de M. de Bussy au nabab.
— Il a vu avec plaisir que le nabab désire son retour, et sera lui-même heureux de le revoir. — Dupleix sera étonné du procédé du nabab, qui après avoir réclamé le secours du roi de France

et lui avoir demandé 5,000 hommes, déclare à présent n'en avoir plus besoin.

— Arrestation de de Volton, faite par ordre de Bussy. Cet homme était coupable, et n'est pas au service du nabab, mais des Français, qui ne relèvent que du roi de France.

— Paiement des troupes. — Son retour dépendra de la réponse que le nabab lui enverra d'Ayderabat. — Les ennemis des Français ont pris de l'influence sur lui : mais les ennemis des Français sont aussi les siens.

3. — (3 et 4, cote 264). 8 Août 1751.

Bussy à Delarche (original, et une copie).
Dupleix a refusé les 100,000 roupies que le nabab lui offrait.
Le nabab les a réclamées, et l'envoi en a été arrêté.

4. — (124, cote 330). Fin d'Août 1751.

Copie de :
1° Une fin de lettre de Bussy à Dupleix. — Célébration de la Saint-Louis à Aurungabat. — Envoi d'argent à Delhy. — Lettre reçue de Bagirao ;
2° (29 août 1751). Une lettre de Bussy à Dupleix.
La veuve de Saoraja, ancien roi de Settara, demande secours contre Bagirao. — Ce dernier ne s'est décidé à traiter avec Salabetsingue, que parce que cette reine a fait enfermer le roi que Bagirao avait fait placer sur le trône à la place de l'héritier légitime. — Bagirao réclame de son côté l'appui de Salabetsingue et le divan, Saïd Laskerkan, lui est favorable. Occasion unique d'en finir avec Bagirao.

— Honneur infini que font ces demandes à la nation, etc...

5. — (122, cote 330). Aurungabat, 1ᵉʳ Septembre 1751.

Bussy à Dupleix.
Bussy est inquiet de ne recevoir ni nouvelles ni instructions. Il a répondu à la veuve de Saoraja que le nabab et le divan étaient dans ses intérêts, et qu'il en avait référé à Dupleix.

— L'envoyé le presse d'écrire au vice-roi de Goa, mais il ne veut pas le faire sans l'avis de Dupleix.

— Abdullah prétend qu'il possède la copie d'une lettre écrite à Delhy par Chandasaëb, dans un sens défavorable aux Français.

— Réception solennelle d'une lettre de la main de l'Empereur de Delhy, confirmant donations et privilèges. — Les Français sont au premier rang.

— Les troupes, l'artillerie et les munitions sont en bon état après l'hivernage.

6. — (123, cote 330). Aurungabat, 3 Septembre 1751.

Bussy à Dupleix.
Il envoie cette lettre par Govendas, avec les serpeaux. — Il n'a pas reçu de nouvelles de Dupleix.

— Il attend le retour de l'envoyé de la veuve de Saoraja. — On enverra Janogi au secours de Bagirao. — Le nabab ne veut pas rompre avec lui en ce moment.

— Bonne conduite de Mouzafferkan et de Cheik Ibrahim, qui commandent chacun un corps de cipayes.

7. — (21, *cote 330*). *Novembre 1751 à Janvier 1752.*

Correspondance entre Bussy, le nabab et le vice-roi de Goa :

1° 30 novembre 1751. Lettre du vice-roi (le marquis de Tavora) à Bussy.

— Il a écrit à Salabetsingue, dont l'alliance lui est utile, et demande à correspondre et à s'entendre avec Bussy, pour le bien des deux nations.

— Il a reçu des propositions, transmises par un émissaire de Mouzafferkan, ou se disant tel, au sujet d'un projet de s'emparer de Surate ;

2° 8 janvier 1752. Réponse de Bussy au vice-roi.

Il est fâcheux que le vice-roi n'ait pas reçu ses lettres. Bussy l'y entretenait des projets du nabab contre Bagirao et l'avertissait des demandes de secours qu'il avait reçues de Tarabaye et du jeune roi des Marattes, afin de s'emparer de Bassim, et d'en donner le paravana au vice-roi.

Campagne contre Bagirao, qui a été acculé à Pouy :

— Négociations traînées en longueur, manque de vivres, qui a obligé le nabab à reculer sur une de ses forteresses.

— Envoi de la réponse du nabab.

— Regrets de la perte de ses lettres ; on aurait pu concerter des opérations par terre et par mer ;

3° 30 novembre 1751. Lettre du vice-roi au nabab Salabetsingue.

Siva Saucart, se disant envoyé par le nabab, lui a fait des ouvertures. — Propositions d'alliance. — Il envoie sa lettre par l'intermédiaire de Bussy, qui la fera traduire ;

4° Réponse du nabab au vice-roi.

Il accepte l'alliance proposée par le vice-roi.

— Sa reconnaissance pour Bussy et pour les Français.

— Bagirao est acculé à Pouy. — Le nabab a rétrogradé sur une de ses forteresses. — Il préviendra le vice-roi de ses projets. — Siva Saucart n'a pas été envoyé par lui. — Il le désavoue. — Son intention de continuer la guerre.

9. — (7, *cote 265* et 136 *bis, cote 333*).
Fin Décembre 1751.

Dix lettres de Bagirao à Bussy, ou de Bussy à Bagirao. (Deux expéditions).
Négociations entre le nabab et Bagirao, qui fait traîner les choses en longueur. — Bussy rompt les négociations.

(B) Kerjean.

10. — (60, 61, 62, 63 et 64, *cote 323*).
Golconde, 4 Mai 1751.

Kerjean à Dupleix. (Deux expéditions, cinq feuilles).
Nouvelles de la marche de l'armée. — Projet d'ambassade en France, concerté entre Kerjean et le divan du nabab.

11. — (131e et dernière, *cote 330*).
Varagon, 12 Juin 1751.

Kerjean à Dupleix.
Nouvelle de la mort de Friell.
Arrangements financiers personnels.
— Ruine du pays d'Ayderabat à Golconde.
— Prestige des Français. — Mauvais état des

troupes. — Fausseté des indigènes. — Arrivée prochaine à Aurungabat.

12. — *(Deux anciennes cotes : 24, et 135, cote 330).*
A 5 lieues d'Aurungabat, 26 Juin 1751.

Kerjean à Dupleix.
— Arrêt de l'armée à l'entrée d'Aurungabat. — Bruits de trahison, qui ne sont pas justifiés.
— Il a reçu les instructions de Dupleix. — Le divan demande d'attendre l'arrivée à Aurungabat pour régler ces projets à l'insu de Bussy.

13. — *(2, cote 244 et mention « duplicata, n° 18 »).*
8 Août 1751 (?).

Kerjean à Dupleix.
Au sujet d'accusations portées contre Vincens et contre lui-même. — Ils n'ont rien sollicité, ont même fait rayer leurs noms de l'état des gratifications, et n'ont fait qu'accepter ce qu'on leur a offert.
Kerjean a conseillé à Bussy de surseoir à l'arrestation de Mouzaferkan.
— Le divan a demandé deux jours pour répondre au sujet de l'ambassade. — Il nous joue.
Fête donnée par le nabab en l'honneur de la victoire annoncée, remportée par les Français.

14. — *(130, cote 330). Aurungabat, 15 Août 1751.*

Kerjean à Dupleix.
Au sujet d'une récompense qu'ils avaient déjà touchée quand ses ordres sont arrivés. — Il a proposé au divan de la rendre.
Refus du divan. — Comédie jouée par cet

homme. — Envoi de lettres de change et affaires personnelles d'argent.

— Le divan a joué Kerjean dans l'affaire de l'ambassade. — Kerjean demande son rappel, ne voulant plus rester après avoir été trompé de la sorte.

— Kerjean attend que Bussy ait distribué toutes les récompenses pour envoyer l'état de ce qui a été remis aux officiers.

15. — *(Deux anciennes cotes : 22 et 133, cote 130 : marquée en haut et à gauche « n° 24 »).* — *Aurungabat, 11 Septembre 1751.*

Kerjean à Dupleix.
Chagrin qu'il a de la mort de son frère et de celle de M. de Bacquencourt, frère de Dupleix.

— Fourberie du divan, qui n'avait joué la comédie de l'ambassade que dans la crainte du départ de Bussy et de ses troupes, et se refuse maintenant à sacrifier plus de trois laks de roupies pour offrir un présent au Roi de France.

- Bussy prétend avoir des raisons pour ne pas faire au nabab la peur que Dupleix lui a ordonné de lui faire.

— Utilité d'Abdallah.

— Attentions de Salabetsingue pour Kerjean, à la suite des tristes nouvelles qu'il a reçues.

— Les officiers se recommandent aux bontés de Dupleix.

— Les médicaments font défaut, et l'état sanitaire est peu satisfaisant.

16. — *(Deux anciennes cotes : 23 et 124, cote 330)*
Aurungabat, 1er Octobre 1751.

Kerjean à Dupleix.

— Il obéira à Bussy, selon l'ordre qu'il a reçu de Dupleix.

— Difficultés pour toucher les gratifications.

— Pas de nouvelles du grand Mogol.

— Inquiétudes que cause le bruit de la prise d'Arcate par les Anglais.

Balagirao demande la paix.

17. — (*Deux anciennes cotes : 20 et 132, cote 330*). *Camp de Salabetsingue, à 6 salles d'Aurungabat, 16 Novembre 1751.*

Kerjean à Dupleix.

— Kerjean a appris le mariage de sa sœur avec Moracin. — Il remercie Dupleix de sa générosité.

— Lenteur de la marche de l'armée. Balagirao ne tiendra pas tête. — Nécessité d'exiger de lui une grosse somme, comme condition de paix.

— La reine de Sattara demande la protection de Dupleix.

— Oubli qui a été fait dans la dernière promotion de M. Boulène, doyen des enseignes.

— Mort de Manoël Jaquenot.

18. — (*128, cote 330, en haut et à gauche, la mention « n° 35 »*). *4 Décembre 1751.*

Kerjean à Dupleix.

— L'armée du nabab est en face de l'armée mahratte. — Kerjean est à l'avant garde. — Les Hindous se contentent de regarder les Français étriller les Mahrattes.

— Ordre de marche de l'armée.

— Surprise du camp des Mahrattes par les Français. — Fuite de Balagirao de son camp, qui est brûlé. Impression produite par cette victoire. — Cadeaux faits par Salabetsingue aux officiers.

— Balagirao s'est arrêté à 6 cosses de l'armée : il est cerné.

(C) VINCENS.

19. — (13, cote 346). — (Avril-Décembre 1751).

Premier cahier des lettres écrites pendant la route de Pondichéry à Aurungabad.

Minutes de cinquante-huit lettres, formant un cahier de 24 feuillets. — Lettres adressées à : Auger, Friell, Dupleix et Madame Dupleix, Mme Vincens, le Verrier, Mainville, le P. Théodore, Goupil, le P. Dominique, Mme d'Auteuil, Drugeon, Roussel de Saint-Remy.

20. — (116, cote 330). Camp de Salabet, à Benza, 5 Juin 1751.

Vincens à Friell.

Paiement de la solde pour Kerjean et pour lui, qui doit être fait en mêmes roupies que celles de la gratification. — Arrangements financiers.

21. — (108, cote 330). Aurungabad, 9 Juillet 1751.

Vincens à Dupleix.

— Arrivée à Aurungabad le 29 juin. — Bruits qui ont couru dans l'armée d'un accueil hostile. — Le divan est allé, sans escorte, trouver le gouverneur. — Explications entre ces deux personnages. — Entrée à Aurungabat. — Arrivée de Ruflet. — Vincens est envoyé à sa rencontre. — Mauvais état de santé de Vincens.

22. — (109, *cote 330*). *Aurungabad, 30 Juillet 1751.*

Vincens à Dupleix.
— Sa santé se rétablit.
— Accueil des seigneurs maures. — Fêtes. — Description d'une chasse du nabab, et d'un simulacre de combat exécuté par les Français. — Impression produite par ce dernier spectacle sur les seigneurs maures.
— Vincens espère obtenir la gratification promise à Hayderabad.
— Malades nombreux dans l'armée. — Pluies.
-- Pas de nouvelles de Pondichéry.

23. — (116, *cote 330*). *Aurungabat, 26 Octobre 1751.*

Vincens à Dupleix.
Compliments pour le don fait par le nabab de la province d'Arcate.
— Bussy est malade de la dyssenterie. — État sanitaire fâcheux de la troupe.
— Entrée en campagne prochaine contre Balagirao.

H. — Mazulipatam, Divy, Narsapour.

1. — (3, cote 246). Février-Mars 1751.

Lettres de Friell à Dupleix :
1° (22 février 1751). — Son arrivée à Mazulipatam. — Départ des Hollandais. — Mesures à prendre pour rétablir et protéger le commerce. — Organisation matérielle du comptoir. — Prisonniers français à réclamer au foussedar de Rajimendry. — Besoins en matériel et en personnel pour Mazulipatam, Divy et Narsapour ;
2° (27 février 1751). Organisation du commerce. — Terrains à concéder aux marchands à Narsapour ;
3° (3 mars 1751). Terreur produite par la nouvelle que Mouzafersingue a été tué. — Dispositions prises en cas d'attaque. — Déchargement de la goëlette et du gros canon. — Demande d'argent et d'outils.

2. — (4, cote 246). Mazulipatam, 4 Mars 1751.

Friell au Conseil de Pondichéry.
Incident avec les Anglais. — Envoi de la copie des lettres écrites à ce sujet et des instructions données.

3. — (5, cote 246). 7 et 10 Mars 1751.

Copie de deux lettres de Friell à Dupleix :
1° (7 mars). Débarquement de troupes anglaises à Divy. — Arrestation du commandant Hopkins par Coquet, qui l'amène à Mazulipatam. — Accueil que lui fait Friell. — Son départ pour Madapollam.

— La galoëtte prête à porter canons et munitions à Divy et à Narsapour.

— Incidents avec deux Hollandais.

Demande de palissades et de matériel. — Arrangements avec les marchands ;

2° (10 mars). Les détachements sont en mauvais état. — Il y a un peu de blé à envoyer à Narsapour.

— La sécurité de Mazulipatam peut-être assurée, à la condition d'avoir des ouvriers et de quoi faire des palissades.

4. — (7 et 8, *cote 246*). *Mazulipatam, 12 Mars 1751.*

Friell à Dupleix (2 expéditions).

Ruine du pays et du commerce. Manque d'approvisionnements. — Précautions prises à la mort de Mouzafersingue.

Jalousie et fanfaronnades des Anglais et des Hollandais.

— Négociations avec Aparao.

— Envoi de blé.

— Projet de fortification pour Divy. — Envoi d'un plan à l'estime.

5. — (6, *cote 246*). *Mazulipatam, 12 Mars 1751.*

Friell à Dupleix.

Au sujet d'un foussedar qui a besoin de la protection de Dupleix et qui la mérite.

6. — (9 et 10, *cote 246*). *Mazulipatam, 14 Mars 1751.*

Friell à Dupleix.

Arrivée de Goujon qui rapporte un plan de Divy.

Description de cet endroit, de ses abords, etc....

Envoi d'un mémoire fait par Bury et d'un plan.

7. — (1 et 2, *cote 266*. — 11 et 12, *cote 246*).
24 *Mars 1751.*

Lettre de Friell à Dupleix, en double expédition, et accompagnée d'un état des aldées de Devracotta et d'une lettre de Macao.

— Cérémonie de la publication (?) faite.

— Organisation du commerce, rentrés des récoltes, etc....

— Liste des aldées de Devracotta, bordant nos terres jusqu'à Divy.

— Projet de fortification jusqu'à Divy.

— Commerce des Hollandais.

— Arrivée de Lardeux. — Friell attend les demandes de Bussy.

Affaires des 16 déserteurs français recueillis par Néamatoulakan.

— État sanitaire peu satisfaisant.

— Demande de quelques milliers de fer.

— (Une pièce séparée) : État des aldées de Devracotta.

— (Une autre pièce séparée) : Lettre de Macao au sujet du renvoi des missionnaires de Chine.

En tout quatre pièces.

8. — (13, *cote 246*). *Mazulipatam, 4 Avril 1751.*

Friell à Dupleix.

— Il a reçu la nouvelle de la révolution de Delhi. — Ses craintes sur les suites de cet évènement.

— Mauvaise volonté des foussedars pour fournir des voitures.

— Le foussedar de Rajimendry a renvoyé les

déserteurs français, mais il s'est arrangé pour les laisser s'échapper en route.

— Friell a envoyé à Bussy la lettre de Dupleix en faveur de notre foussedar. — Cet homme lui a remis un pli avec le nom de M. Saunders en persan sur le cachet. — Envoi de la copie de cette pièce, et ultérieurement de l'original.

— Divy n'a jamais été que *loué*, et non pas *cédé* aux Anglais.

— Difficulté avec les Hollandais.

— Pénurie où Friell se trouve en hommes, après l'envoi qu'il a fait de 100 blancs à l'armée de Bussy.

— Nécessité d'avoir des troupes pour assurer la sécurité, et attirer par là les populations indigènes sur notre territoire.

— Panon fait le plan de Narsapour.

— Bussy n'envoie aucune demande : mais le divan presse Néamatoulakan d'amener soldats et munitions. Friell ne fera rien partir sans une demande de Bussy. Les officiers de l'armée du Dekan ont envoyé beaucoup d'argent.

— Organisation de Divy. — Manque de palissades.

— Commerce des mouchoirs.

— Construction d'un navire à Narsapour. — Demande de matériaux.

— Sondages faits par les Anglais dans la rivière de Narsapour.

— Salabetsingue est à Golconde.

9. — (14, *cote 246*). *Mazulipatam, 13 Avril 1751.*

Friell à Dupleix.

Il a reçu une lettre de Bussy, datée du 3 avril, à 6 lieues d'Éderabat.

— Opérations commerciales.

— La rivière de Nizampatnam est plus profonde que celle de Chiplère.

— Incident avec les Hollandais. — Envoi de canon à Narsapour.

— Envoi probable de marchandises à Pondichéry, en juin.

10. — (17 et 20, cote 246). *22 et 30 Avril,*
3 Mai 1751.

Duplicata de trois lettres de M. Friell écrites à M. Dupleix par patmars :

1° Mazulipatam, 22 avril.

Envoi de trois lettres reçues de Bussy, inquiet de ne pas avoir de nouvelles. Il est à Éderabat depuis dix jours sans marcher. — Il marque qu'il n'en sortira pas avant d'avoir obtenu que le nabab envoie ordre à Mametalikan de remettre Trichinapaly à Dupleix. — Il n'a pas grande idée de la fidélité de Chandasaëb.

— Néamatoulakan demande un sauf-conduit pour se rendre à Golconde.

— Difficulté de se procurer des charrettes et d'organiser le convoi, qui partira à la fin du mois si Cheik Ibrahim arrive.

— Organisation du territoire et du commerce ;

2° Mazulipatam, 30 avril.

Mort de Coquet. — Demande de Panon ou de Lenoir pour le remplacer.

— Contrat avec les marchands d'Yanaon.

Organisation des territoires en vue du commerce et de l'administration.

— Maladresse du sieur Taurus qui a failli perdre le grand bateau de la Compagnie à Divy, en le surchargeant de canons ;

3° Mazulipatam, 3 mai.

Envoi de deux lettres de Bussy, qui dit qu'il ne peut pas entretenir ses troupes. — Mauvaise volonté du divan, etc...

— Départ du convoi avec Ruflet. Cheik Ibrahim, qui est à 18 lieues d'ici, sera envoyé à sa suite.

— Ordres et instructions donnés à Ruflet.

11. — 18, cote 246). Mazulipatam, 24 Avril 1751.

Friell à Dupleix.

Un billet accompagnant l'envoi d'une ancienne lettre de Bussy.

12. — (21, cote 246). Mazulipatam, 13 Mai 1751.

Friell à Dupleix.

Envoi de lettres de Bussy, qui est en marche contre Casidikan.

— Les Hollandais se fortifient à Madapollam.

— Envoi de Ruflet et de Cheik Ibrahim à l'armée de Bussy.

— Le divan a donné l'ordre d'emprisonner la famille de Kalendarkan.

— Affaires commerciales. — Avenir du pays.

13. — (22, cote 246). Mazulipatam, 17 Mai 1751.

Friell à Dupleix.

Départ de Ruflet et de Cheik Ibrahim. Ce dernier à réussi, sans recourir à la force, à faire payer le cazena sur son passage.

— Nouvelles de l'armée du Dekan. — Solde des officiers.

— Affaire de Kalendarkan, qui est détesté par le divan, lequel a circonvenu Bussy.

— Renforts arrivés aux Anglais à Yanaon.

— Établissement de Divy. Envoi d'argent fait par le nabab pour les dépenses de la Compagnie.

14. — (23ᵉ et dernière, *inventoriée cote 246*).
Mazulipatam, 18 Mai 1751.

Friell à Dupleix.
Le divan prétend que Kalendarkan est un traître.
Ce sont des menées pour balancer notre pouvoir ici.
Bussy s'est laissé duper.

— Les Anglais à Yanaon (voir n° 15 ci-après).

15. — (33, *cote 244*).

« Copie des lettres que le nabab et le divan écrivent à Safaralikan, foussedar de Rajimendry, que j'ai envoyées à M. Dupleix et à M. Friell. »

— Établissements des Anglais et des Hollandais autour de Narsapour. — Autorisation donnée aux Français de les en chasser. — Remise à M. Friell des villages autour de Narsapour.

16. — (57, *cote 323*). *Narsapour, 28 Décembre 1751.*

Rapport de Parigny sur l'établissement à créer à Divy.

— Description détaillée des îles, des rivières, du delta et notamment de la rivière de Chiplère. — Gués, fortifications projetées, productions du pays, nature du terrain, etc...

17. — (2, 3, 9, 11, 12, 13, 15, 21 et 43, *cote 247*. — *Les cotes 11, 12, et 13 sont répétées chacune deux fois sur des pièces différentes. La chemise qui renferme les 13 pièces de ce numéro est marquée « 277 »*).

13 pièces, dont deux en écriture orientale, ayant trait à Mazulipatam, Devracotta, Divy, etc... — Établissements, commerce, état des munitions, etc....

I. — Ile de France, Karikal, Chandernagor.

1. — (53, *cote 322*). *Karikal, 18 Février 1750.*

— Moulineau à Dupleix.
Plan demandé des aldées de Karikal. — Demande la permission de se servir du palanquin de la Compagnie pour les courses que lui occasionnera la confection de ce plan.

2. — (1 *bis, cote 347*). *Cassimbazar, 23 Décembre 1750.*

Fournier à Dupleix.
Au sujet de la succession du sieur Mathey, dont il est l'un des héritiers.

3. — (14, *cote 347*). *Ile de France, 22 Janvier 1751.*

David à Dupleix.
Réparations au vaisseau l'*Achille*. — Répartition de sa cargaison sur d'autres navires. — Envoi du *Chevalier Marin*. — Son chargement. — Remerciements de l'envoi d'ouvriers malabares. — Culture du cotonnier, et commerce du coton avec l'Inde.

4. — (15, *cote 346*). *Ile de France, 22 Juin 1751.*

David à Dupleix.
Mouvement des navires. — Accidents au *Comte d'Argenson*, à l'*Auguste* et au *Puisieulx*.
— La récolte de café a été détruite par un ouragan.
— Envoi de troupes, avec Gouville et Astruc.
— Manque de toile pour faire des vêtements.
— Les cafés sont attaqués par un insecte.
— Besoins en matériel et en ouvriers.

5. — (11, *cote 346*). *Ile de France, 8 Juillet 1751.*

David à Dupleix.

Mouvement des navires. — Demande d'envoi d'ouvriers de Pondichéry, et de cages d'oiseaux appelés martins, pour détruire les sauterelles.

6. — (10 et 16, *cote 347*). *Ile de France,
13 Juillet 1751.*

David à Dupleix.
L'*Achille* a pu reprendre la mer.

— Manque d'ouvriers et de matériel, par une économie mal entendue de la Compagnie.

— Ce vaisseau porte une cargaison de bois pour faire des palissades.

— D'Estimonville, le chevalier de Plaisance, l'évêque d'Eucarpie sont à bord, ainsi que le sieur Germain, qui était venu pour travailler la soie aux îles, et dont le concours n'est pas utile, les plantations de mûriers n'étant pas encore en rapport. — Il ira à Chandernagor travailler les cocons achetés à Cassimbazar.

Recommandation pour Terrano, soldat embarqué sur l'*Achille*, et parent des Séguier.

— 185 —

J. — Lettres et documents venant d'Europe

*1. — (Pas d'ancienne cote : en marge, la mention
« Copie ». 30 Novembre 1746.*

Mémoire secret contenant le plan des opérations que la Compagnie se propose d'exécuter en 1747 et 1748. — Envoyé le 30 novembre 1746 à MM. Dupleix et David.

— L'escadre de la Bourdonnais dans les mers de l'Inde. Hypothèses sur le résultat de ses opérations, que la Compagnie désire voir aboutir à l'envoi de nombreuses cargaisons en France.

Retard apporté au départ des vaisseaux de la Compagnie et de ceux prêtés par le roi, à cause des croisières anglaises : ces vaisseaux ne pourront être à l'Ile de France que vers le 30 septembre 1747.

Prévision du mouvement des navires pour 1747 et 1748.

2. — (3, cote 246). Lisbonne, 24 Septembre 1750.

Lettre de Duvernay, ambassadeur de France en Portugal, à M. Dupleix.

— Il a reçu la lettre que Dupleix avait adressée à Chavigny qui est en ce moment à Venise, au sujet de Don Luis Caetano d'Almeyda et du P. Antoine de la Purification.

3. — (1, cote 346). Saint-Malo, 1ᵉʳ Octobre 1750.

Danycan à Dupleix.
Recommandation pour M. de la Villemorin, embarqué sur le vaisseau de M. de Landenœuf.

4. — (2, *cote 347*). *Paris, 25 Novembre 1750.*

M. Béchevin à Dupleix.
Remerciements de l'accueil fait à son fils à Pondichéry.

5. — (1, *cote 183*). *Paris, 23 Janvier 1751.*

Les Directeurs à Dupleix.
Envoi d'argent. — Promesse d'envoyer artillerie et soldats, avec l'ingénieur demandé. — Mouvement des navires. — Désir de conserver la paix. Lettre du P. René à M. de Saint-Priest. — Recommandation du ministre pour M. Bourquenoud.

6. — (4, *cote 183*). *Paris, 2 Février 1751.*

Les Directeurs à Dupleix.
Au sujet de la recommandation au nabab de l'abbé de Noronha pour le poste de gouverneur de Méliapour.
Succession de Duquesne.

7. — (9, *cote 346*). *Paris, 5 Février 1751.*

Montaran à Dupleix.
Jugement de la Bourdonnais. — Demande d'envoi de pièces à ce sujet. — Fourberie de Cotterel.
Établissements de Calèche et commerce d'Inde en Inde.
— Mort de Dupleix de Bacquencourt. — Recommandations pour Marigny, pour Moracin, bon sujet, mais qui a toujours mangé son bien, pour Robert et pour Perdiguier.

8. — (36, *cote 242*). *Beaurepaire, 14 (?) 1751.*

Montaran à Dupleix.
Mort du père de Montaran. — Demande d'envoi de toiles peintes de l'Inde.

9. — (2, *cote 193*). *Paris, 22 Avril 1751.*

Les Directeurs à Dupleix.
Naufrage de l'*Espérance*. — Mouvement des navires. — Envoi de fonds. — Croix de Saint-Louis. — Besoins de troupes pour Chandernagor. — Manque de lettres de Dupleix. Bulle d'évêque *in partibus*, pour le P. de Noronha.

10. — (22, *cote 346*). *Paris, 23 Avril 1751.*

Brignon à Dupleix.
Envoi de sa lettre par la *Colombe.*
— Nouvelles parvenues en Europe de la retraite de Nasersingue, et de la prise de Gingi et de Mazulipatam.
— Pas de nouvelles de Mouzafersingue ni de Chandasaëb.
— Compliments.
— Emprunt contracté par la Compagnie pour pouvoir envoyer des fonds dans l'Inde. — Situation précaire des comptoirs de Guinée et d'Amérique. — Arrangements pris pour le Bengale au sujet des fonds. — Liberté d'agir donnée à Dupleix à l'égard du sieur Burat.

11. — (21, *cote 242*). *Paris, 23 Avril 1751.*

Machault à Dupleix.
La Compagnie désire la paix dans l'Inde, et ce désir doit être considéré comme un ordre.

12. — (7, cote 347). Paris, 23 Avril 1751.

Montaran à Dupleix.

Manque de nouvelles. Bruit qui s'est répandu de la prise de Pondichéry. — Baisse des actions.

Mort du roi de Suède, ce qui pourrait rallumer la guerre. — Désir que l'on a de faire la paix. — Inconvénient de n'avoir pas de nouvelles positives de notre situation aux Indes. — Urgence d'une solution pacifique.

Importance de l'organisation du commerce d'Inde en Inde.

Affaire de l'abbé de Noronha, qui repart pour l'Inde en emmenant M. de Changeac. — Établissement de Calèche : crainte qu'il n'ait été négligé.

13. — (7, cote 183). Paris, 5 Mai 1751.

Les Directeurs à Dupleix.

Affaire de Bayanor : la Compagnie est d'avis de refuser la cession de ses États. — Ne pas faire d'arrangements pouvant entraîner une guerre.

Rien à ajouter aux instructions données pour Calèche.

14. — (5, cote 183). Paris, 5 Mai 1751.

Les Directeurs à Dupleix.

Arrivée à Lorient de la *Sultane*, apportant des nouvelles de l'Inde. — Nouvelle des succès remportés sur Nazersingue.

Nécessité de la paix. Indignation de la Compagnie contre les officiers qui ont déserté. — L'annonce d'envoi de marchandises calme les inquiétudes. — Les récompenses demandées pour les officiers seront sollicitées par la Compagnie.

15. — (6, cote 183). Paris, 5 Mai 1751.

Machault à Dupleix.

Satisfaction des succès remportés et de la valeur des troupes.

Nécessité de conclure la paix. La conduite des Anglais sera examinée et le ministre proposera ce qu'il jugera convenable.

Approbation des raisons données par Dupleix pour rester dans l'Inde.

Affaire de Bayanor. — Ne pas accepter ses propositions qui pourraient conduire à une guerre. — La religion n'est sans doute qu'un prétexte qui couvre les desseins ambitieux de ce prince.

— Il est fâcheux que Dupleix ait à rendre de mauvais témoignages sur la conduite de quelques fonctionnaires et officiers. — Approbation des mesures qu'il a prises.

— Satisfaction de ce que la guerre n'ait pas interrompu tout commerce : c'est le commerce qui constitue l'objet principal de la Compagnie.

16. — (8, cote 347). Paris, 5 Mai 1751.

Montaran à Dupleix.

Il le prie de faire dorénavant dans ses lettres deux parts, l'une pour être montrée, et l'autre confidentielle ; et de lui envoyer la copie de ce qu'il écrit à la Compagnie.

— Jugement de l'Amirauté anglaise, condamnant l'amiral Griffin pour ne pas avoir détruit l'escadre de M. Bouvet.

— Remise à Mme de Pompadour des graines envoyées.

— Les récompenses demandées pour les officiers ont été déjà accordées en partie.

— Inquiétude et mauvais effet produit par le manque de nouvelles. — Crainte qu'inspire la continuation de la guerre. —. Baisse des dividendes. — Montaran s'emploie à faire valoir les services de Dupleix. Intérêt qu'il y a à faire la paix au plus tôt.

17. — (36, cote 241). *Lorient, 8 Mai 1751.*

Duvelaer à Dupleix.
— Il remplace Godeheu à Lorient.
— Naufrage de l'*Espérance* sur les rochers des Glenans.
— Arrivée de la *Sultane* le 30 avril.
— Duvelaer suppose que Dupleix partira en octobre pour la France par l'*Achille*. Il aurait été heureux de le revoir dès cette année.
— Espoir de la paix. — Désir qu'en a la Compagnie.
— Mort de Dupleix de Bacquencourt. — Griefs que l'abbé de Noronha conserve contre son fils. — Évêché obtenu pour l'abbé de Noronha. — Ses besoins d'argent. Remontrances que lui a faites Duvelaer, sur ce qu'il s'embarrasse de bien du monde qui va lui être à charge.
— Duvelaer envoie sa lettre à l'Ile de France, dans l'espoir que Dupleix l'y trouvera en revenant en Europe.
— Remerciements de l'envoi de marchandises.

18. — (16, cote 256). *Lorient, 10 Mai 1751.*

Duvelaer à Dupleix.
— Fredaines de l'abbé de Noronha. — Duvelaer s'est opposé à ce qu'il s'embarque avec une petite fille, qu'il voulait soi disant amener à sa sœur.

L'abbé l'a fait embarquer en cachette : Duvelaer l'a fait débarquer.

19. — *(22, cote 357). Versailles, 10 Septembre 1751.*

d'Argenson à Dupleix.
Félicitations de la mort de Nazersingue. — Nécessité de faire la paix.

20. — *(47, cote 232). Lorient, 16 Octobre 1751.*

Godeheu à Dupleix.
Lettre confiée à Laffeta, nommé sous-lieutenant, et que Godeheu recommande à Dupleix.

21. — *(8, cote 183). Paris, 27 Octobre 1751.*

Les Directeurs à Dupleix.
— Arrivée de La Touche le 19 août, sur la *Reine*. — Espoir de la paix et de la reprise du commerce, à la suite des succès annoncés.
— Envoi d'une lettre spéciale au sujet de l'alliance avec Mouzafersingue, des présents, etc...
— Envoi prochain de 11 vaisseaux. — Leur répartition.
— Instructions pour le commerce et l'emploi des fonds envoyés.
— État des employés et des militaires. — Projet d'envoi de 1000 hommes et d'autres renforts l'année prochaine.
— Ni l'*Auguste*, ni le *Puisieulx*, venant de Chine, ne sont encore arrivés.

22. — *(9, cote 183). Paris, 13 Novembre 1751.*

Les Directeurs à Dupleix.

Nécessité d'éviter la relâche à Sainte-Hélène des vaisseaux venant des îles, à cause du danger qu'ils courraient d'être pris, dans le cas d'une guerre inopinée avec l'Angleterre.

23. — (10, cote 183). *Paris, 13 Novembre 1751.*

Les Directeurs à Dupleix.
— Catastrophe de la mission de Chine, causée par l'inconduite du sieur Poivre. — Monseigneur de Benetat, évêque d'Eucarpie, passera par Pondichéry pour ramener en Chine l'interprète Michel. — Prière de le seconder.

24. — (11, cote 183). *Paris, 27 Novembre 1751.*

Les Directeurs à Dupleix.
Accident arrivé au *Prince*, qui a dû rentrer au port.
Envoi des paquets par Machault.

25. — (15, cote 183). *Paris, 1er Décembre 1751.*

Les Directeurs à Dupleix.
Recommandation pour MM. Thouan de la Martinière, de Thierceville et Battengs.

26. — (17, cote 256). *Paris, 8 Décembre 1751.*

Duvelaer à Dupleix.
Recommandation pour M. Pascaud, capitaine d'infanterie.

27. — (14, cote 196). *Paris, 10 Décembre 1751.*

Les Directeurs à Dupleix.
— Réponse aux trois lettres reçues de lui, des

18 février, 3 et 18 octobre 1750, et à celle du 15 février 1751 remise par la Touche.

— Autorisation pour le commerce particulier à Manille.

— Envoi de draps.

— Récompenses aux officiers (croix de Saint-Louis).

— Envoi d'armes.

— Affaires de Chine (le sieur Poivre).

— Accusations portées contre Friell. — Répression de la fraude et de la pacotille.

— Démarches pour faire nommer D. Luis Caetano d'Almeyda, vice-roi de Goa.

— Culture des cocotiers.

Officiers qui ont abandonné d'Auteuil.

— Arrivée de la Touche. — Envoi d'une lettre ultérieure touchant les affaires politiques.

28. — (15ᵉ et dernière, *cote 123*).
Paris, 28 Décembre 1751.

Les Directeurs à Dupleix.

Un cahier de 40 pages. — Il y est question de tout ce qui a trait à la colonie. — L'appréciation peu favorable de Dupleix sur M. de Leyrit n'est pas partagée par la Compagnie. — Toutes les aldées doivent rentrer au domaine de la Compagnie, et aucun contrat ne doit être passé en des noms particuliers. — Il est donc impossible, d'après cette loi, de confirmer à Madame Dupleix la donation des trois aldées.

— Arrivée de l'*Auguste* à l'île de Groix.

29. — (42, *cote 257*). *Paris, 12 Janvier 1752.*

Duvelaer à Dupleix.

Effet produit à la Cour par la nouvelle des succès dans l'Inde apportée par la Touche. — Désir de la paix durable.

Arrivée de l'*Auguste*. — Espoir que les nouvelles qu'il apporte calmeront les inquiétudes.

— Démarches faites par la Compagnie pour faire obtenir un grade militaire à Dupleix. — Ce grade ne sera accordé qu'après la paix faite. — On craint que les alliances avec les Maures ne créent des difficultés.

— Brevets de lieutenant-colonel accordés à d'Auteuil et à La Touche. Croix de Saint-Louis pour Law.

— Espérance du prochain retour de Dupleix. — Envois faits par la Compagnie.

30. — (*42, cote 257*). *Paris, 28 Janvier 1752.*

Montaran à Dupleix.

Envoi des réponses à la lettre de Mouzafersingue au roi, et à celle de Chandasaëb au garde des sceaux.

31. — (*48 et 49, cote 232*). *Lorient, 12 Février 1752.*

Deux lettres de Godeheu à Dupleix.

La Touche lui a remis les lettres de Dupleix. Félicitations, espérance que la paix va être conclue. — Accident arrivé au *Prince*. Envoi du *Centaure*. — Ordres envoyés à David pour les vaisseaux. — Envoi d'hommes et d'officiers.

32. — (*28, cote 233*). *Saint-Malo, 20 Juin 1752.*

La Lande Magon à Dupleix.

Accident arrivé à Picot de la Motte. — Recommandation pour ce jeune homme.

33. — (*72, cote 233*). *Saint-Malo, 20 Juin 1752.*

Picot de Beauchaine à Dupleix.
Remerciement de ses soins pour Picot de la Motte, son fils.

34. — (*22 et 22, cote 254*). *Paris, 12 Septembre 1752.*

Castanier à Dupleix (deux expéditions).
Le neveu de Dupleix peut compter sur l'amitié de Castanier. Castanier lui a parlé de l'abbé Stafford.
— Questions d'argent.
— Il souhaite que Dupleix éclaire la Compagnie sur le choix de son successeur.

35. — (*30 et 31, cote 254*). *Paris, 13 Septembre 1752.*

David à Dupleix (deux expéditions).
Félicitations de la grâce que le roi a accordée à Dupleix.
Le *Dauphin* n'est pas arrivé : inconvénient de ce retard pour la vente de la Compagnie.

36. — (*56 et 59, cote 256*). *Lorient, 18 Septembre 1752.*

Michel à Dupleix (deux expéditions).
Félicitations. Utilité du retour de Dupleix en France pour *allier la connaissance des affaires de l'Inde* à celle des affaires générales. — Crainte que la guerre ne continue dans l'Inde et ne donne prétexte à une rupture de la part de l'Angleterre.
Mauvais état du commerce de Guinée.
Demande d'envoi de toiles.

37. — (69 et 70, *cote 333*). *Paris, 20 Septembre 1752.*

De Boize à Dupleix (deux expéditions).
Félicitations du titre que le roi lui a accordé.
Remerciements de sa bienveillance pour MM. Goupil et Yon, ses parents.

38. — (68, *cote 333*). *Chevilly, 23 Septembre 1752.*

Dousset à Dupleix.
Envoi d'un certificat pour M. de Sombreuil, capitaine aux Indes.

39. — (18 et 24, *cote 333*). *Paris, 23 Septembre 1752.*

Hardancourt à Dupleix (deux expéditions).
Le *Dauphin* n'est pas arrivé. — Il n'a de nouvelles que par une lettre de Mme Paradis. — Remerciements de la protection accordée par Dupleix à cette dame et à son fils.
Vente de la Compagnie.

40. — (8, *cote 333*). *Paris, 28 Septembre 1752.*

Brignon à Dupleix.
Envoi d'une lettre pour M. Guillaudeu, relative à des affaires personnelles.

41. — (27 et 31, *cote 333*). *Saint-Malo, 28 Septembre 1752.*

La Lande Magon à Dupleix (deux expéditions).
Espoir d'une paix glorieuse. — Félicitations. — Recommandations pour MM. Dulac, de la Haye du Poncel, Heurtault de la Villemorin et Julien Basnier.

42. — (19, *cote 332*). *Brest, 29 Septembre 1752.*

Chailhat à Dupleix.
Nouvelles de M. et de Mme Choquet, de MM. de Massiac et de Marquessac, l'un commandant à Toulon, et l'autre commandant la frégate la *Sereine*.

43. — (10, *cote 332*). *Paris, 30 Septembre 1752.*

Carré à Dupleix.
Affaire de commerce avec Friell pour du Corail.

44. — (67, *cote 333*). *Paris, 7 Octobre 1752.*

Goujon père, rue Saint-Antoine, à Dupleix.
Remerciements de l'envoi de son fils à Mazulipatam.
Il lui envoie des instruments de mathématiques, etc...

45. — (50, *cote 232*). *Lorient, 8 Octobre 1752.*

Godeheu à Dupleix.
Félicitations du titre de marquis. Le départ du *Lys* l'accable d'affaires.

46. — (51, *cote 261*). *Lorient, 12 Octobre 1752.*

Michel à Dupleix.
Envoi de troupes. Recommandation pour Saint-Aulaire, qui en est un des officiers.
Le *Dauphin* est à la Martinique.

47 à 51. — (52, 55, 57, 58, *cote 256, et 33, cote 333*).
Octobre à Décembre 1752.

Lettres de recommandation de Michel à Dupleix, pour les sieurs : Pellé, le chevalier de Tilly, Gourdel, d'Arguillade, et de La Lande Magon pour le sieur Fleuriot.

52. — (*52, cote 231*). *Lorient, 14 Octobre 1752.*

Godeheu à Dupleix.
Recommandation pour M. de Saint-Aulaire.

53. — (*1re, cote 333*). *Port-Louis, 16 Septembre 1752.*

Mme Duquesne à Dupleix.
Remerciements de la demande que Dupleix a faite à la Compagnie de lui allouer le traitement de veuve d'officier.
Difficulté qu'elle a de régler ses affaires.

54. — (*46, cote 232, et 41, cote 254*).
Lorient, 15 Octobre 1752.

— Godeheu à Dupleix.
Incendie en mer du *Prince*. — Godeheu fait tous ses efforts pour envoyer dans l'Inde une cargaison équivalente à celle qui a été perdue.

55. — (*71, cote 333*). *Paris, 20 Octobre 1752.*

Feydeau du Mesnil à Dupleix.
Compliments. — Ignorance où l'on est à Paris des véritables intérêts de l'Inde.
Perte du *Prince*.
Il a confié une lettre à l'abbé de Noronha. Les choses ont bien changé depuis, et le retour de Dupleix est impossible en ce moment.
— Affaires de l'abbé de Noronha. — Demande que fait Changeac d'un brevet de lieutenant-colonel. Quels titres peut-il y avoir ? — Affaire de M. Porcher.

— Son intention de s'embarquer pour Bourbon.
— Vues des Anglais sur Madagascar. — Incurie où l'on est à l'Ile de France. — Animosité des Anglais.
— Amitié qu'il porte à d'Epremenil, qui rend justice à Dupleix.

56. — (9, *cote 333*). *Paris, 20 Octobre 1752.*

Brignon à Dupleix.
Recommandation pour M. Fleuriot, fils du connétable de Saint-Malo.

57. — (32, *cote 333*). *Saint-Malo, 23 Octobre 1752.*

La Landemagon à Dupleix.
Recommandation pour M. Seré de Vilmorin.

58. — (66, *cote 330*). *Couvent des Ursulines de Quimperlé, 23 Octobre 1752.*

Mme de Kermoat Baëllec à Dupleix.
Remerciements de la nomination de son fils comme officier sur les vaisseaux de l'Inde.

59. — (53, *cote 261*). *Lorient, 4 Novembre 1752.*

Michel à Dupleix.
Recommandation pour Lelou de Beaulieu.

60. — (6, *cote 332*). *Lorient, 7 Novembre 1752.*

Michel à Dupleix.
Achat de pierreries.

61. — (56, *cote 256*). *Lorient, 9 Novembre 1752.*

Michel à Dupleix.

Recommandation pour M. de la Villeneuve-Albert.

62. — (25 et 26, cote 333).
Saint-Malo, 10 Novembre 1752.

La Lande Magon à Dupleix (deux expéditions).

— Nouvelle arrivée en France de la levée du siège de Trichinapaly.

— Incendie du *Prince*, ou a péri son neveu Magon de Surmont.

— La Compagnie a nommé, contre l'avis de Dupleix, M. Avice, ancien major de La Bourdonnais. La Lande Magon espère que Dupleix voudra bien oublier le passé.

63. — (50, cote 333). Metz, 14 Novembre 1752.

Françoise Séguier Saint-Cir, veuve de Denis Cossard de Terrano, officier d'artillerie, à Dupleix.

Au sujet de son fils, parti au service de la Compagnie, et qui a perdu un bras dans un combat. — Elle demande des nouvelles. — A la lettre est joint un certificat des échevins de Metz, constatant la situation de Mme Terrano.

64. — (13 et 20, cote 333). Paris, 17 Novembre 1752.

Hardancourt à Dupleix.

Le *Dauphin* a dû relâcher à la Martinique, pour cause d'avaries. — Il est attendu à la fin de novembre.

Questions d'argent entre Mme Paradis, M. Trémisot et lui.

Incendie du *Prince*. — Victimes de cette catastrophe.

Perte de l'argent que portait ce vaisseau pour M. Trémisot et pour Madame Paradis.
— Vente de la terre de la Perrière.
— Compliments à Dupleix sur son neveu.
Recommandation pour le sieur Lagrenée.

65. — (16, *cote 333*). *Paris, 20 Novembre 1752.*

Hardancourt à Dupleix.
Affaires de Mme Paradis et de M. Trémisot. Envoi d'argent pour réparer la perte que ces deux personnes ont subie dans l'incendie du *Prince*.

66. — (19, *cote 333*).

Hardancourt à Dupleix, même date et même objet que la précédente.

67. — (43e et dernière, *cote 332*).
Bruges, 6 Décembre 1752.

Mme Ignace Van Setter, née de Febure, à Dupleix.
— Succession de ses parents Pilavoine — Elle réclame de Dupleix plus de soin pour ses intérêts.

68. — (14 et 15, *cote 332*). *Paris, 15 Décembre 1752.*

Lhostis à Dupleix (deux expéditions).
Son intention de retourner aux Indes. Il reste à Paris pour le moment et cherche un emploi, pour ne pas abandonner sa mère, ses sœurs et ses nièces. — Il se recommande à Dupleix, son parrain.

69. — (49, *cote 333*). *Metz, 15 Décembre 1752.*

Mme de Saint-Cyr Séguier Terrano à Dupleix.

Elle se recommande à lui, à la suite de la mort de son fils.

70. — (65, *cote 133*). *Paris, 20 Décembre 1752.*

Meulan Desfontaines à Dupleix.
Pacotille qu'il avait envoyée dans l'Inde en 1744 et confiée à M. Amat. — Mauvaise foi de celui-ci. — Il avait écrit par le *Prince*, qui a brûlé en mer.

— Recommandation pour M. du Rocher de la Périnne, son parent.

71. — (20, *cote 332*). *Brest, 24 Décembre 1752.*

Chailhat à Dupleix.
Sa joie d'avoir reçu de ses nouvelles. — Nécessité de son maintien aux Indes. Souhaits de bonne année. — Mérite de M. Choquet. — M. de Marqueysac part pour la Guinée.

72. — (23, *cote 332*). *Paris, 25 Décembre 1752.*

(?) à Dupleix.
L'abbé Valles s'est chargé de rapporter en France des modèles d'outils de tisserand en usage aux Indes : prière de lui faciliter la commission.

73. — (12, *cote 333*). *Paris, 31 Décembre 1752.*

Hardancourt à Dupleix.
Assemblée générale des actionnaires. Le dividende, qui n'a pu être augmenté à cause de l'incendie du *Prince*, le sera sans doute l'année prochaine.

K. — Personnel et Famille.

1. — (23, cote 346). Paris, 27 Janvier 1751.

Madame Dupleix de Bacquencourt à Dupleix.
Mémoires publiés par la Bourdonnais. — Remise du jugement qui sera rendu le 3 février.

2. — (12, cote 346). Paris, 4 Février 1751.

Dupleix de Bacquencourt à Dupleix (*C*).
Jugement de la Bourdonnais. — Affaires de famille.
Cette lettre comprend 40 pages, et de nombreux passages chiffrés.

3. — (Une ancienne cote, d'une autre écriture que les cotes des autres pièces : 307 (?) *cote 333*). *Paris, 2 Octobre 1752.*

Dupleix de Bacquencourt à Dupleix.
Lettre de change, tirée sur lui.

L. — Rappel de Dupleix. — Comptes avec la Compagnie.

1. — (1re inventoriée, *cote 261. Mention :* « *n° 13* »). *1754.*

État des papiers et éclaircissements à demander à M. Dupleix.

Cet état comprend treize articles. — Annotations de la main de Dupleix.

2. — (Porte l'indication « *troizième* » et au-dessous : « *première inventoriée cote cent soixante-douze* »). *1754 (1752).*

Dépenses faites pour le compte du nabab Salabetsingue.

— Compte présenté par Dupleix, contresigné de Michel Guillard et Claude-Joseph Bourquenoud, conseillers des Indes, nommés par M. Godeheu pour la vérification des comptes de Dupleix.

3. — (1 et 2, *cote 240*). *Juillet-Août 1749.*

Deux grandes feuilles en portugais, relatives à la solde des troupes.

4. — (3, 4 et 5, *cote 241*). *1754.*

Liste des forteresses, nom des aldées en possession des Français, et revenus des paraganas au départ de M. Dupleix. — Trois grandes feuilles.

5. — (7, 9 et 10, *cote 241*).

Copie tirée sur les comptes du gouvernement du

Carnate du temps des nababs Satoullakan, Dost Alikan, Safderali, Coja Abdoullakan et Anaverdikan (Deux feuilles : une deuxième expédition et une copie au net).

6. — (6 et 8, *cote 246* : 12ᵉ et dernière, *cote 241*).

Copie tirée sur le compte du gouvernement du Carnate des jaguirs et des quilidars de cette province. (Minute et deux expéditions).

7. — (54, *cote 274*). *9 Juin 1752.*

Bilan des fonds de la Compagnie à Mazulipatam, dans le cours de l'année 1752. Signé Delaselle.

8. — (24, *cote 274*).

État de comparaison des revenus de Mazulipatam suivant qu'il a été envoyé par M. Moracin : auquel on a joint le montant de ces revenus, comme ils sont portés sur les livres du Dekan.

9. — (2, *cote 241*).

Nom des paraganas et aldées dépendantes de Mazulipatam portées sur les registres royaux, ainsi que la rente du sel et tous les droits qu'on y perçoit en général, et ce qu'ils ont rendu réellement l'année fassely 1155 ou 1746.

10. — (49, *cote 235* : mention : « *13* »).
1754, fin de l'année.

Mémoire de Bussy, « concernant l'état présent de la nation française dans l'Inde, et les moyens de conserver les avantages dont elle jouit. »

(Ce mémoire porte la signature autographe de Bussy).

11. — (8, cote 235).

Copie d'un mémoire en faveur de la Compagnie des Indes, au sujet des avances dont Dupleix demande le remboursement.

*12. — (31, cote 253). Montpezat par Uzez,
7 Juillet 1756.*

Lettre de (?) à Dupleix.
Tromperie de F. (?) Affaire à tenter en Espagne, qui pourrait rendre à Dupleix la fortune qu'il a perdue.

13. — (1re, 2e, 3e, 4e et dernière, cote 246).

Nom des aldées ou jaguirs ou pensions données à feu M. Dupleix de l'Inde.
Une chemise renfermant :
1° Un document en langue orientale : signé pour copie conforme : Delarche ;
2° Une liste en français, qui est vraisemblablement la traduction du précédent ;
3° Original, en langue orientale, du paravana de Valdaour ;
4° Une liste des aldées dépendant de Valdaour.

M. — Cartes et plans.

Pièce unique :

Une carte manuscrite « des limites de la Compagnie de France dans l'Inde, pendant la trêve de l'année 1755, depuis Chiatouvanam jusqu'à l'embouchure de la rivière le *Pater*, levée trigonométriquement par ordre de M. Duval de Leyrit ».

Cette carte porte les signatures « Champia » et « Defonbrun », et comprend une liste en malabar des aldées.

N. — État-civil.

1. — Extrait délivré par la mairie de Landrecies le 27 Décembre 1869, du registre des mariages de cette ville pour l'an 1695.

Mariage de François Duplex, contrôleur fiscal du domaine du Haynaut, et de Damoiselle Anne-Louise de Massac (28 mars 1695).

2. — Extrait délivré par la mairie de Landrecies, le 27 Décembre 1869, du registre aux actes de baptême de cette ville pour l'an 1697.

Baptême de Joseph-François Dupleix (1er Janvier 1697).

3. — Extrait délivré par la mairie de Landrecies, le 27 Décembre 1869, du registre aux actes de baptême de cette ville pour l'an 1697.

Baptême de Anne-Élisabeth Dupleix (26 Décembre 1697).

O. — Généalogie.

Pièce unique. — Généalogie de la famille Dupleix, seigneurs de Remouet, de Bazogères, Bacquencourt, Mézy, Pernant, Mercin.

5 feuilles doubles, portant en marge de nombreuses annotations et observations. — L'auteur de ce travail fait remonter l'origine de la famille à Guillaume Dupleix, venu en France à la suite de Marie Stuart.

P. — Relation du colonel Lawrence.

Un cahier de soixante pages, contenant la traduction partielle de la « Relation de la guerre de la côte de Coromandel depuis le commencement des troubles jusqu'en l'année 1754 ». Cette traduction, inachevée, s'arrête à la mort du capitaine Kirch, et au ralliement de ses hommes par le capitaine Kilpatrick.

FIN.

www.ingramcontent.com/pod-product-compliance
Lightning Source LLC
Chambersburg PA
CBHW051911160426
43198CB00012B/1841